知识型团队领导力与创造力研究

陈 璐 著

国家自然科学基金面上项目（批准号：72072019；72174096）资助
国家自然科学基金重点项目（批准号：72132009）资助
中央高校基本业务费（批准号：ZYGX2020FRJH012）资助

科 学 出 版 社

北 京

内 容 简 介

知识型员工与团队的创造力是企业创新的驱动因素。在影响创造力的诸多因素中，领导发挥着关键性的作用。纵观国内外高科技企业，创新型领导表现出不同的特征和行为风格。在中国目前的组织情境下，创新型领导能否有效地管理知识型团队，激发知识型员工的创造力？这是学术界和实践界亟待解决的问题。本书从创新型领导的视角切入，针对知识型团队中参与式领导、变革型领导对创造力的作用机制展开系统化、科学性的理论与实证研究。本书的研究结论对于探索创新型领导的跨文化有效性，以及领导力与创造力交互作用的复杂性、动态性过程具有较大的贡献。

本书适合管理学、心理学、社会学等专业领域的师生和从事科研管理、人力资源管理工作的管理人员参阅。

图书在版编目（CIP）数据

知识型团队领导力与创造力研究 / 陈璐著. —北京：科学出版社，2021.12

ISBN 978-7-03-070888-5

Ⅰ. ①知…　Ⅱ. ①陈…　Ⅲ. ①企业管理 – 组织管理学 – 研究　Ⅳ. ①F272.9

中国版本图书馆 CIP 数据核字（2021）第 258493 号

责任编辑：李　嘉 / 责任校对：宁辉彩
责任印制：张　伟 / 封面设计：无极书装

科 学 出 版 社 出版
北京东黄城根北街 16 号
邮政编码：100717
http://www.sciencep.com
北京建宏印刷有限公司 印刷
科学出版社发行　各地新华书店经销

*

2021 年 12 月第 一 版　开本：720×1000　1/16
2021 年 12 月第一次印刷　印张：9 1/2
字数：189 000
定价：108.00 元
（如有印装质量问题，我社负责调换）

作 者 简 介

　　陈璐，女，1971 年 11 月出生，管理学博士，电子科技大学教授、博士生导师，电子科技大学西非研究中心、南开大学中国公司治理研究院研究员，《南开管理评论》国际版副主编，四川省妇女儿童发展纲要起草组专家，美国威斯康辛大学、清华大学、香港科技大学访问学者，美国管理学年会、中国管理研究学会国际分会会员。长期从事领导、创造力、组织创新与变革、道德与伦理、人格与情绪、职业健康等领域的研究，主持国家自然科学基金面上项目 3 项、重点项目子课题 1 项；参与国家自然科学基金、国家社会科学基金重点项目、国家杰出青年科学基金项目的研究。以第一及通讯作者身份在 *Management and Organization Review*、*The Journal of Creative Behavior*、*Journal of Applied Behavior Science*、*Leadership and Organization Development Journal*、《南开管理评论》《管理工程学报》等国内外权威期刊及美国管理学年会、中国管理研究学会国际分会等学术年会发表学术论文 50 余篇；出版专著 3 部；案例入选哈佛案例库。获得美国管理学年会 Carlyon Dextor 最佳论文提名奖（2010 年）、中国管理学年会优秀论文奖（2009年，2010 年）、四川省社会科学优秀成果三等奖（2017 年，2019 年）、四川省教育厅哲学社会科学科研成果二等奖（2016 年）。

前　言

随着移动互联网的数据流量迅猛增长，中国已经步入了大数据时代。为了实现大数据的真正价值，组织内各个层次需要通过不断创新，将海量数据转化为新知识、新技术。在大数据分析、处理、转化的创造过程中，知识型团队作为知识的载体发挥着关键的作用。如何激发知识型团队成员的创造力（creativity，CRE），促进团队利用大数据所带来的丰富信息和资源，产出创新成果？大数据时代为知识型团队管理带来了前所未有的机会和挑战。在影响创造力的诸多因素中，领导者发挥着关键性的作用。纵观国内外高科技企业，创新型领导表现出不同的特征和行为风格。其中，参与式领导（participative leadership，PAR）与变革型领导（transformational leadership，TEL）是两种有效的领导风格。参与式领导为下属提供各种条件和资源，鼓励下属提出意见、参与目标制定，最终共享决策权；变革型领导则通过描述美好的愿景、展现自身魅力和挖掘下属潜力，来激发下属的工作积极性和自信心，使其做出超越预期的表现。在中国目前的组织情境下，参与式领导和变革型领导能否有效地管理知识型团队，激发知识型员工的创造力？如果有效，这两种领导风格又是如何影响知识型团队成员这一特殊群体的心理认知和行为，进而影响其创新能力？这是学术界和实践界亟待解决的问题。

本书梳理了国内外参与式领导与变革型领导的理论与实证研究，尤其是与创造力相关的文献，发现以往研究大多数基于西方发达国家的情境，国内研究起步较晚，尤其是参与式领导、变革型领导与知识型员工创造力的关系研究比较匮乏，存在一些有待深化的问题。近年来，学者们尝试融合多个理论视角或延伸现有理论视角，通过多重或连续中介变量去揭示领导与创造力之间复杂性、动态性的影响机制。然而，从参与式领导、变革型领导的研究现状来看，学者们大多数从单一理论视角去考察下属的心理认知或行为在这两种领导行为与创造力之间的中介作用，研究结论不够深入、全面。领导行为影响创造力的过程中，下属的心理认知和行为之间存在一个逻辑因果的关系。因此，未来研究应该拓展原有的单一理论视角，在领导行为—心理认知—行为—创造力的逻辑框架下，融合多个理论视角去分析参与式领导、变革型领导影响创造力的连续中介机制。

本书紧密追踪国内外领导力与创造力领域的研究前沿，从创新型领导的视角切入，对知识型团队中参与式领导、变革型领导对创造力的作用机制展开系统化、科学性的理论与实证研究。本书融合社会交换理论、创造力成分模型、动机性信息处理理论等视角，分别分析参与式领导、变革型领导影响知识型团队成员创造力的链式中介机制。具体而言，本书基于领导行为—心理认知—行为—创造力的逻辑框架，一方面，探讨参与式领导如何通过心理安全感（psychological safety，PSY）与创造性过程投入（creative process engagement，CPE）的连续中介影响创造力；另一方面，讨论变革型领导如何通过观点采择（perspective taking，PT）与跨边界行为（boundary spanning，BS）的连续中介影响创造力。本书的研究结论对于探索西方创新型领导的跨文化有效性，以及领导行为对创造力复杂性、动态性影响机制具有较大的贡献。

笔者一直进行知识型团队领导力和创造力领域的追踪研究，先后主持或参与多项国家自然科学基金项目。本书是国家自然科学基金面上项目"促进还是防御？紧缩性管理背景下知识型员工变革重塑的概念重构、前因及后果研究"（项目编号：72072019）、"突发事件应急社会治理的协同机制研究"（项目编号：72174096）和国家自然科学基金重点项目"组织平台化转型适应理论构建及其管理策略研究"（项目编号：72132009）的部分研究成果。这些研究成果先后发表在 SSCI（Social Sciences Citation Index，社会科学引文索引）、CSSCI（Chinese Social Sciences Citation Index，中文社会科学引文索引）的国内外权威学术期刊及国内外高水平学术会议，获得第十一届四川省教育厅哲学社会科学科研成果二等奖、四川省第十七次和第十八次社会科学优秀成果三等奖等学术奖励。

本书的研究成果还具有较强的社会价值，有助于企业管理者识别创新型领导的不同行为表现，了解领导影响创造力过程的复杂性。领导行为培养、员工创造性认知及思维训练、团队人际模式和氛围培育、团队外部网络搭建等多种方法和途径可以为知识型员工提供适合的平台和机会，使他们充分发挥创造潜能，提高创新能力。这些研究成果在实践中已经得到广泛应用，为知识型团队提高运行效率和创新绩效提供了理论指导和操作培训，取得了良好的社会效益。

本书的主要内容来自笔者与所指导的学生黄丽、王月梅、Kwame Ansong Wadei 等合作的独创性研究成果。尹欢、唐荣和瞿鑫在著作的修改方面也做了大量的协助工作，在此深表感谢。本书借鉴和参考了国内外同行的现有成果及有益经验，并以参考文献——标出，谨在此对相关学者表示诚挚的谢意。

　　撰写一部学术专著需要大量的研究成果来支撑，对笔者而言是非常具有挑战性的工作。由于笔者的研究能力和水平有限，书中难免存在一些疏漏之处，敬希广大读者批评指正。

陈　璐

2020 年 10 月 10 日于成都

目　　录

第三篇　变革型领导影响知识型团队成员创造力的链式中介机制研究

第一篇 绪 论

第1章 知识型团队领导力与创造力研究

1.1 知识型团队领导力与创造力开发的现实背景

在云计算、物联网等技术的带动下，数以百亿计的机器、企业、个人随时随地都可以通过社会化网络的平台和应用获取新的数据。中国移动互联网的数据流量迅猛增长，已经步入了大数据时代。IT（information technology，信息技术）界认为大数据具有四"V"特征，即 volume（容量）、variety（种类）、velocity（速度）和 value（价值）。其中，大数据的价值是最重要的，体现在如何将信号转化为数据，将数据分析为信息，将信息提炼为知识，最终以知识促成决策和行动。为了实现大数据的真正价值，需要组织内各个层次通过不断创新，将海量数据转化为新知识、新技术。在大数据分析、处理、转化的创造过程中，知识型团队作为知识的载体发挥着关键的作用。如何激发知识型团队成员的创造力，促进团队利用大数据所带来的丰富信息和资源，产出创新成果？大数据时代为知识型团队管理带来了前所未有的机会和挑战。

知识型团队是指运用高智力资本从事创新型工作的群体，主要特征表现为：承担超常规创新型复杂任务，成员具有独特的专业技术，团队知识需要进行共享、整合和重组。常见的知识型团队包括企事业单位的研发、技术团队，以及大学和科研机构的科研团队等。知识型员工是知识型团队的主要成员。美国学者彼得·德鲁克认为知识型员工是那些掌握和运用符号和概念，利用知识或信息工作的人。与其他岗位的员工相比较，知识型员工在个人特质和工作特点方面都具有独特性。从个人特质来看，知识型员工具有较高的学历，综合素质和能力较强。他们自主性较强，倾向于拥有一个独立、自由的工作环境，强调工作中的自我引导。而且，他们需求层次较高，不愿意被动地完成一般性事务，而是热衷于挑战性高的工作，尽力追求完美的结果，渴望实现自身价值，得到组织和社会的认可。从工作特点来看，知识型员工从事的是具有高价值的创造性劳动，他们需要在不确定的环境中充分发挥个人的创新能力，推动科学、技术的进步。而且，知识型员工的工作没有固定的流程和步骤，管理部门难以对工作过程进行实际监控，劳动成果也难以衡量。

如何管理知识型团队，提升团队成员的创造力，一直是企业和研究机构所关注的问题。在影响团队创新管理的诸多因素中，领导者作为团队的领头羊，发挥着关键性的作用。纵观国内外高科技企业，创新型领导者表现出不同的特征和行为风格。参与式领导与变革型领导是两种有效的领导风格。创新工场董事长兼首席执行官李开复曾经在美国苹果电脑国际有限公司（简称苹果公司）、美国微型计算机软件公司（简称微软公司）等高科技公司担任管理者。他认为要管理知识型员工，平等比权威更重要。只有当领导与团队成员处于平等的地位时，才能营造出积极向上、同心协力的工作氛围。平等意味着管理者要采取参与式的领导风格，不仅要重视和鼓励下属的参与，与下属共同制定团队的工作目标，而且还要真诚地听取下属的想法和意见，在综合、权衡的基础上果断地做出正确的决定。李开复在接管一个新团队时，为了提高效率，在一个星期内定下了团队的工作目标，并召开会议宣布了决定。但是，团队成员对这个方案很不满意，百般挑剔。李开复当场把计划撕掉，宣布成立三个员工小组，分别解决团队面临的三大问题。当李开复和三名组长一起定下了最后的目标后，全体成员欣然接受了新的目标。有趣的是，除了措辞方面的差异之外，新旧目标几乎一模一样。这个案例充分说明了在知识型团队中，采取参与式的领导风格会使团队成员对团队的事务更加支持和投入，对管理者更加信任，表现出较强的安全感，并且积极地投入创造性的工作中。

变革型领导强调愿景激励、领导魅力（理想化影响）、智识启发和个性化关怀，也是一种典型的创新型领导方式。首先，变革型领导不仅与下属分享企业的愿景，还会激励他们参与愿景的规划。例如，李开复在美国苹果公司工作时，计划新建一个跨部门团队研发一系列多媒体产品。这些新产品虽然极有潜力，但风险也很大。李开复邀请了来自各部门的60多位技术人员开会，向大家展示了未来互联网与多媒体相结合后相关新技术和新应用的发展前景，分享了关于新产品的规划和设计，以及为新团队制定的愿景。90%的与会人员决定加盟全新的互动多媒体团队。该团队成为QuickTime、iTunes等著名网络多媒体产品的诞生地。

其次，变革型领导善于施展领导魅力，展现让下属认同、信任的领导特质和行为。微软公司总裁比尔·盖茨具有卓越的见识，高超的计算机专业才能，精明的商业头脑和高明的营销战略，足以在员工中产生感召力和影响力。此外，他还是一个工作狂，经常不分昼夜连续工作，有时会在办公室的地板过夜。尽管微软公司的员工加班到了两眼冒金星的程度，他们还是心悦诚服地认为没有谁能比盖茨更辛苦。盖茨对工作狂热的精神感染了全体员工，尤其是那些软件程序设计师。盖茨认为，在经营微软的过程中自己最引以为荣的就是用人格魅力吸引和团结了一大批优秀的程序设计者和产品推销者（陈德智，1999）。由此可见，领导者的独特魅力可以赢得下属的认同和尊重，激发了他们的工作热情，提高了公司的绩效和竞争力。

再次，变革型领导还能为下属提供经验和技能方面的帮助，鼓励他们提升创新思维能力，运用新技术、新方法来解决问题。美国通用电气公司总裁杰克·韦尔奇就是一个典型的例子。当他在 45 岁接手公司时，该公司已经有 117 年历史，机构臃肿，人心涣散，在全球竞争中正走下坡路。韦尔奇提出了"通力合作理念"，采取"群众路线"，对实际工作中的问题，鼓励员工与经理共同平等地进行讨论甚至争论、辩论、思辨，坦诚直率地交流，共同运用新技术、新方法来解决问题，激发了员工的工作激情与创造力。韦尔奇还提出"以全球公司为师"，鼓励员工开放思维，向一切优秀的管理制度和技术方法学习。韦尔奇通过智识启发的变革型领导方式改变了公司的心智模式，塑造了学习文化，构筑了学习型组织，为企业的发展提供了源源不断的动力（王本康，2003）。

最后，变革型领导会对每位下属的发展需求进行全方位了解和关注，并且给予支持。中国阿里巴巴网络技术有限公司的创始人马云曾经说过："三流的组织靠共同规则；二流的组织靠共同利益；一流的组织靠共同信仰。而最典型的好组织能做到至情至性。"在阿里巴巴网络技术有限公司，员工激励有七种形式，即荣誉激励、成长激励、目标激励、榜样激励、参与激励、授权激励、危机激励等。马云善于根据企业的不同情境和员工的不同特点运用不同的方法来激励员工。例如，在创业初期，没有条件进行物质奖励，马云就采用了一种"穷开心"式的激励方式，想尽各种办法让大家开心。其中之一是给员工"加寿"，对于工作表现好的伙伴，在总结会上马云会给其加寿 200 岁，或者给另一位伙伴加寿 300 岁。还有一次，某位员工觉得年终考核结果不公正，去找马云抱怨与投诉。马云没有驳回员工直系领导的评价，维护了其权威。但是他告诉这位员工："我不知道你的领导对你的年终评价是否公平，但我知道你是一个想要做大事的人，做大事的人要不计较小事，男人的胸怀是由委屈撑大的，学会这一点，你能走得更远！"马云抓住了员工希望成长的心理，进行了个性化的激励，让他能不计较得失、安心工作，展现了高超的变革型领导思维和能力。

总体而言，参与式领导与变革型领导发源于西方强调平等、权力距离低的管理情境，是一种"以下属为中心"、自下而上的领导方式。然而，中国传统上是一个权力距离高的社会。这种文化特征导致下属对上下级关系的认知与西方有所区别。例如，权力距离高使得下属默认领导应该表现优越感、特权感以示权威和影响力，对于强调平等、鼓励参与的领导方式可能无所适从。而且，变革型领导要求员工打破现状、挑战权威，下属也会有所忌讳。事实上，不少企业的领导者仍然实行家长式管理。例如，上海振华重工（集团）股份有限公司的管彤贤是一位典型的家长式创业者。他对待员工如同家长对其子女，既严格要求又悉心爱护。公司内部设有一些其他公司未必会订立的重要规矩。例如，不管是哪级领导，都不能吸烟、酗酒、赌博，甚至禁止员工搞婚外恋。管彤贤认为家和万事兴，家庭和谐很重要，有道德的员工才值得重用。在管彤贤的带领下，上海振华重工（集团）股份有限公司不断实现自主创新，成为世界一流的港口机械及大型钢结构企业。由此可见，传统的家长式领导强调恩威并济、以德服人，在中国的创新型企业里仍然表现出有效性。

那么，在中国目前的组织情境下，参与式领导和变革型领导这两种在西方企业得到广泛认同的创新型领导方式是否能够有效地管理知识型团队，激发知识型员工的创造力？如果有效，这两种领导风格又是如何影响知识型团队成员这一特殊群体的心理认知和行为，进而影响他们的创新能力的？更为重要的是，在传统的家长式领导具有深厚基础的中国企业中，企业领导和管理部门应该如何识别具有潜质的候选人，将他们培养成为未来的参与式领导和变革型领导？因此，聚焦于知识型团队，从创新型领导的视角切入，研究参与式领导和变革型领导对创造力的复杂影响机制，是有关领导力及创造力开发实践的重要课题。

1.2　参与式领导、变革型领导与创造力领域的理论研究

知识型团队及成员的创造力一直是组织行为学领域的研究热点。以往研究从个人、团队和组织等层面探讨了创造力的影响因素（Anderson et al., 2014）。其中，领导行为是关键的情境因素。研究者普遍认为积极的领导行为会促进创造力的提高，而消极的领导行为则会阻碍员工创造力（韩翼和杨百寅，2011；Rego et al.，2014；江静和杨百寅，2014）。同时，参与式领导与变革型领导也是领导行为领域的研究热点。研究者主要探讨了参与式领导与变革型领导的概念、特点，以及对组织各层次结果变量的影响，取得了丰富的成果。本书梳理了国内外参与式领导与变革型领导的理论与实证研究，尤其是与创造力相关的文献，发现以往研究仍存在一些有待深化和提升的问题，主要体现在两个方面。

首先，参与式领导、变革型领导对创造力的影响机制问题。近年来，在领导行为影响创造力的作用机制方面，学者们尝试融合多个理论视角或延伸现有理论视角，通过多重或连续中介变量去揭示领导与创造力之间复杂性、动态性

的影响机制（Zhang et al.，2010；Carmeli et al.，2011；Owens and Hekman，2016；Rego et al.，2017a，2017b）。然而，从参与式领导、变革型领导的研究现状来看，尽管学者们对这两种领导方式的后果及作用机制进行了较多的探索，但是创造力方面的研究较少，而且存在较大的不足之处。尤其是在作用机制方面，大多数研究从单一理论视角去考察参与式领导、变革型领导与创造力之间的中介变量，研究结论不够深入、全面。领导行为不仅会影响下属的心理认知，还会影响其行为。而且，下属的心理认知和行为之间也存在一个逻辑因果的关系。基于此，未来研究应该拓展原有的单一理论视角，在"领导行为—心理认知—行为—创造力"的框架下，融合多个理论视角去分析参与式领导、变革型领导影响创造力的连续中介机制。

其次，现有的参与式领导、变革型领导研究基本上基于西方发达国家的情境，国内研究起步较晚，主要借鉴了西方理论和研究方法。东西方在文化、社会、制度等情境因素上存在较大差异，对于同一现象的产生和结果可能会有不同诠释。东西方的知识型员工面临着不同的历史文化背景、社会经济发展阶段和政治制度体系，对于同一领导行为的理解有所不同，参与式领导、变革型领导发挥作用的途径也存在差异。因此，有必要基于中国企业情境进行知识型团队领导力与创造力的研究。

1.3　参与式领导、变革型领导与知识型团队成员创造力的研究框架

如何通过领导力提升知识型团队创造力，是当前企业所面临的管理难题。本书拟从知识型团队领导力及创造力开发实践出发，结合领导领域的热点话题——参与式领导和变革型领导，对知识型团队中参与式领导和变革型领导的前置变量及其对创造力的作用展开系统化、科学性的理论与实证研究。首先，通过理论分析明确参与式领导、变革型领导这两类创新型领导的概念内涵。其次，通过问卷调查收集数据进行实证研究，检验参与式领导、变革型领导对知识型团队成员创造力的影响，融合社会交换理论、创造力成分模型、动机性信息处理理论等不同的理论视角深入分析参与式领导、变革型领导通过心理认知、行为等多重中介变量的连续中介影响创造力的复杂机理。通过文献梳理和系统分析，本书提出参与式领导、变革型领导与知识型团队成员创造力的研究框架。本书将在中国企业的组织情境下，以研发、技术团队的领导与团队成员为研究对象，采用问卷调查的方法，对所提出的研究框架进

行验证。具体的研究内容可以分为以下两个研究课题。

1.3.1 研究课题一：参与式领导影响知识型团队成员创造力的链式中介机制研究

研究课题一将融合社会交换理论和创造力成分模型这两个理论视角，在中国企业的知识型团队中研究参与式领导行为对团队成员创造力的影响机制。具体而言，本书将以参与式领导作为自变量，预测其对知识型团队成员创造力的影响效应，以及社会交换过程、创造性认知过程在参与式领导与创造力之间的链式中介机制。研究课题一的理论模型如图 1-1 所示。

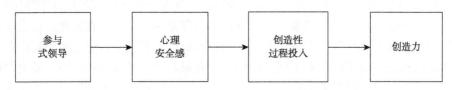

图 1-1　参与式领导影响知识型团队成员创造力的理论模型

关键性变量的定义如下。

（1）参与式领导：领导者为下属提供各种条件和资源，鼓励下属提出意见、参与目标制定，最终共享决策权的一种民主式的领导风格（Huang et al.，2010）。

（2）心理安全感：团队成员所感知到的人际关系风险的安全程度（Edmondson，1999）。

（3）创造性过程投入：团队成员将自身投入创造力的认知过程，是一个包括问题识别，信息搜索和编码，以及创造性想法产生的过程（Zhang et al.，2010）。

本书主要关注以下三个问题。

1）探索参与式领导、心理安全感和创造性过程投入之间的关系

以往文献主要探讨了参与式领导对员工绩效、组织承诺、组织信任或建言行为等结果变量的影响（向常春和龙立荣，2013；Miao et al.，2014），还没有研究检验参与式领导与创造性过程投入之间的关系，参与式领导究竟通过什么中介机制对创造性过程投入产生影响也不明确。社会交换理论认为，任何人际关系本质上就是交换关系。只有当人与人之间精神和物质的交换过程达到互惠平衡时，人际关系才能和谐。而且只有在互惠平衡的条件下，人际关系才能维持。本书根据社会交换理论，认为参与式领导决定了领导与团队成员之间社会交换的质量，进而影响团队成员对创造性过程的投入程度。心理安全感是指团队成员所感知到的

人际关系风险的安全程度，反映了参与式领导与成员之间的社会交换质量。因此，本书将心理安全感作为中介变量，认为参与式领导与团队成员的创造性过程投入之间是一个积极的社会交换过程。参与式领导通过增强团队成员的心理安全感来促进其创造性过程投入。

2）探索心理安全感、创造性过程投入和创造力之间的关系

以往研究发现心理安全感对员工创造力具有积极的影响（West and Richter，2008；Liu et al.，2016），但对于这种影响是通过什么机制传递的还没有明确的解释。创造力成分模型认为，创造力的组成中包含三个重要成分，即领域相关技能、创造力相关技能、内在动机（Amabile，1996）。本书根据创造成分模型，提出心理安全感影响创造力的过程是一个创造性认知的过程。即心理安全感为团队成员提供了心理上的保障和驱动力，能够促进其积极投入发现问题、处理信息、产生创意这三个阶段的创造性认知活动，进而提升其创造力。因此，本书将创造性过程投入作为中介变量，认为心理安全感通过促进团队成员的创造性过程投入来提升其创造力。

3）探索参与式领导、心理安全感、创造性过程投入与创造力之间的关系

在上述两个研究问题的基础上，本书将融合社会交换理论和创造力成分模型的理论视角，在领导行为—心理认知—行为—创造力的框架下，探索心理安全感（认知中介变量）和创造性过程投入（行为中介变量）的连续中介作用。本书认为，参与式领导能够增强团队成员的心理安全感，心理安全感进一步促使团队成员积极投入创造性过程之中，进而提升创造力。

1.3.2　研究课题二：变革型领导影响知识型团队成员创造力的链式中介机制研究

研究课题二将从动机性信息处理理论出发，研究变革型领导在亲社会动机驱动下对团队成员创造力的影响机制。具体而言，本书将以变革型领导作为自变量，预测其对知识型团队成员创造力的影响效应。此外，本书还以观点采择、跨边界行为作为中介变量，剖析变革型领导与创造力之间的链式中介机制。研究课题二的理论模型如图 1-2 所示。

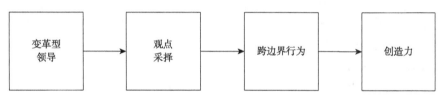

图 1-2　变革型领导影响知识型团队成员创造力的理论模型

关键性变量的定义如下。

（1）变革型领导：领导者通过描述美好的愿景、展现自身魅力和挖掘下属潜力，来激发下属的工作积极性和自信心，使其做出超越预期的表现（Bass，1985）。

（2）观点采择：团队成员在对自己和他人观点加以区分的基础上，能够置身于他人所处情境理解其观点、行为的一种认知过程，是一种具有亲社会倾向的认知策略（Galinsky et al.，2005）。

（3）跨边界行为：团队成员利用自己的社会网络，与外部相关者进行互动，以获取团队有利信息，帮助团队实现总体目标的行为（Marrone et al.，2007）。

本书主要关注以下三个问题。

1）探索变革型领导、观点采择和跨边界行为之间的关系

动机是激发个体行为的心理过程，通常被描述为一种内在驱动力，可以由某种特定的需求所激发，使个体朝着所期望的目标不断前进。研究表明，变革型领导通过激发员工的动机来促进其行为（段锦云和黄彩云，2014）。本书认为，知识型团队中，变革型领导能够激发团队成员的亲社会动机，使其更愿意采纳他人的观点和意见，进而更容易跨越团队和组织的边界去获取外部利益相关者的信息、资源。因此，本书以观点采择作为中介变量，来探讨变革型领导对知识型团队成员的跨边界行为的作用机制。本书认为，变革型领导通过提升团队成员观点采择的能力来促进其跨边界行为。

2）探索观点采择、跨边界行为和创造力之间的关系

在知识型团队中，团队成员往往具备较高的观点采择能力，能够通过跨边界行为与外部群体进行情感和信息的交流。而且，知识型员工在跨边界行为过程中可以通过知识转移，将外部创意整合投入个人的创新活动中（Andersen et al.，2013），促进自身创造力的提升（王亮等，2017）。然而，目前还没有研究探索观点采择、跨边界行为和创造力之间的相互作用关系。本书认为，观点采择能力强的员工有更强的动机去学习、采纳他人的观点，更愿意跨越团队和组织的边界去建立广泛的专业网络，从网络中获取异质性的信息和资源，进而促进创意的产生。因此，本书以跨边界行为为中介变量，来探究观点采择对创造力的作用机制。本书认为，团队成员的观点采择能力越强，越容易通过跨边界行为促进个体创造力的提升。

3）探索变革型领导、观点采择、跨边界行为与创造力之间的关系

在上述两个研究问题的基础上，本书将以动机性信息处理理论为基础，在领导行为—心理认知—行为—创造力的框架下，探索观点采择（认知中介变量）、跨边界行为（行为中介变量）在变革型领导与创造力间的连续中介作用。本书认为，变革型领导能够增强团队成员的观点采择能力，观点采择进一步促使团队成员积极开展跨边界行为，进而提升创造力。

1.4　拟采取的研究方法与拟取得的研究创新

1.4.1　研究方法

本书在研究程序的各个阶段以理论分析和实证检验相结合的方式进行数据采集和分析，从而为研究问题提供更全面的认识。首先，通过文献研究等定性研究方法进行初步理论构建，建立概念框架和理论模型，归纳总结出知识型团队参与式领导、变革型领导的影响因素、形成机制及对创造力的作用机制。其次，通过问卷调查等定量研究方法进行模型验证。本书将在多家企业的研发中心及研究院选取研发、技术团队领导者及团队成员为样本进行多次问卷调查，获取实证数据。最后，应用结构方程模型等技术对实证数据进行分析，检验理论模型。

1.4.2　研究流程的具体内容

本书的研究流程如图 1-3 所示，共分为以下几个阶段。

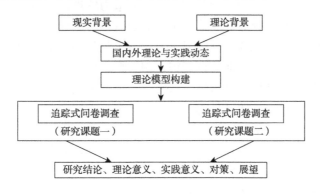

图 1-3　研究流程

1）相关文献研究

本书将根据研究问题，收集国内外参与式领导、变革型领导、个体创造力、心理安全感、创造性过程投入、观点采择、跨边界行为等方面的相关文献资料，把握国内外理论与实践动态，围绕知识型团队创造力开发、创新型领导行为效能等前沿问题，进行分类整理，形成理论模型，提出研究假设。

2）基于追踪式问卷调查的实证研究

本书将运用追踪式调查问卷的方式，研究参与式领导对知识型团队成员创造力的链式中介机制（研究课题一），以及变革型领导对知识型团队成员创造力的链式中介机制（研究课题二）。为了避免共同方法偏差，本书将以追踪研究的方法，分为 2~3 个时间点采集数据，时间间隔为 2~3 个月。

研究课题一和研究课题二共分两次进行问卷调查。在时间点 1，由团队成员回答人口统计特征、感知的参与式领导（研究课题一）、感知的变革型领导（研究课题二）、心理安全感（研究课题一）、观点采择（研究课题二）等变量。在时间点 2，由团队领导评价下属的创造力，提供自己的人口统计特征；团队成员回答创造性过程投入（研究课题一）、跨边界行为（研究课题二）等变量。研究课题一在西南地区四家企业的研究院或研发中心对研发、技术团队进行问卷调查，获取了 526 份有效的上下级配对样本。研究课题二在西南地区五家企业的研发技术部门的团队进行问卷调查，获得了 398 份有效的上下级配对样本。本书主要运用结构方程模型等统计方法分析数据，验证理论模型和假设。

1.4.3　研究意义

本书的研究意义主要体现在理论和实践两个方面，具体如下。

（1）理论意义。本书融合领导力与创造力的相关理论，通过建立并检验基于链式中介效应的参与式领导、变革型领导与创造力的理论模型，全面、系统地揭示知识型团队中参与式领导、变革型领导对创造力的影响机制及边界条件。

（2）实践意义。本书关于参与式领导、变革型领导对知识型团队创造力的影响机制的研究成果有助于企业管理者识别创新型领导的不同行为表现，了解领导影响创造力过程的复杂性，通过领导行为培养、员工创造性认知及思维训练、团队人际模式和氛围培育、团队外部网络搭建等多种方法和途径为知识型员工提供适合的平台和机会，使他们充分发挥自己的创造潜能，提高创新能力。本书的研究成果还可为商学院和企业培训部门的创新领导力开发的课程设计、授课方式提供理论依据，即在进行传统的领导知识、技能、行为和经验的学习之外，如何结合知识型团队和创造性任务的特性来提升领导力。

1.4.4　研究的创新性

本书的理论创新主要体现在领导力与创造力这两个研究领域。

首先，本书基于领导行为—心理认知—行为—创造力的逻辑框架，分析了参与式领导、变革型领导对知识型团队成员创造力的影响机制，证明了这两种发轫于西方组织情境的创新型领导方式在中国企业情境中具有显著的积极作用。参与式领导、变革型领导对于中国的知识型员工的心理状态、认知方式和行为都具有积极的影响，进而激发其创新能力。本书的成果对于探索西方创新型领导的跨文化有效性，以及领导过程的复杂性、动态性具有较大的贡献。

其次，本书以中国企业知识型团队为背景，分析了参与式领导、变革型领导这两种发轫于西方社会情境的领导方式对创造力的影响，使研究视角从传统的一元领导模式向双元领导模式过度，从聚焦单一的领导行为到兼顾领导的多种行为模式，从而拓展了有关领导力与创造力的实证研究。更重要的是，本书迎合了创造力的实证研究趋势（Anderson et al., 2014），融合多个理论视角构建和验证基于连续中介机制的研究模型，分别探讨参与式领导、变革型领导对创造力的作用机理。本书的研究突破了以往的单一理论视角，同时延伸了已有的理论，为创造力的不同发生路径刻画了一个更全面、立体的图景，有力地推动了中国情境下的创造力研究。

第二篇 参与式领导影响知识型团队成员创造力的链式中介机制研究

第 2 章 个体创造力的文献研究

2.1 个体创造力的概念

关于创造力的研究开始于 20 世纪 80 年代，最初学者们将创造力定义为 "形成有关产品、服务和流程的新颖想法" （Amabile et al.，1996；Zhou，1998）。随着该研究领域的不断深入和发展，学者们主要从人格观、过程观、结果观和能力观等视角对创造力进行了界定 （表 2-1）。总体而言，无论基于人格观、过程观、结果观还是能力观视角，学者们普遍认为创造力的核心是创新，即个体通过探索和改变，创造一定的价值。因此，本书参考以上学者的观点，将员工创造力定义为 "员工在服务、实践和形成产品的过程中产生的新颖有用的想法"。

表 2-1 创造力的相关概念

研究视角	研究文献	概念
人格观	Guilford（1950）	创造力是个体特有的能力，心理学家需要研究的是创造性人格问题
	Dacey 和 Lennon（1998）	创造力个体的人格特质可以归纳为十项，包括容忍不确定性、突破规范和具有勇气等
过程观	Dewey（1910）	创造是一种解决问题的心理过程
	Wallace（1926）	创造力的形成包括四个阶段，分别是准备阶段、孵化阶段、解释阶段和验证阶段
	Rebre（1985）	创造是形成新颖想法、理论、解决方案或者产品的心理过程
结果观	Barron（1955）	创造性产品需要满足两个特性，分别是稀有性和实用性
	Stein（1974）	创造力是指创造出具有新颖、使用、持久等特征或者令人满意的产品
能力观	Guilford（1986）	创造力是个体所创造的新颖的想法、产品，或者想法与产品相融合的一种能力

资料来源：根据相关文献资料整理

Shalley 和 Gilson（2004）指出，由于创造力与创新这两个概念的界限比较模糊，有必要进行明确区分。创造力与新颖、有用想法的产生有关（Mumford and Gustafson，1988），而创新则与新颖想法的采纳和实施有关（Kanter，1996）。因此，创造力可以被概念化为创新的前提条件（Gilson and Shalley，2004），而创新则是一个比创造力更为广泛的概念。创造力仅指新颖想法的产生，而创新还包括了对组织之外的产品或流程等新颖想法的实施（Woodman et al.，1993）。

2.2　个体创造力的维度与测量

在研究中，创造力通常通过评估新颖性和实用性两个维度来衡量（Oldham and Cummings，1996；Tierney et al.，1999；Zhou and George，2001）。在实际研究中，根据研究情境的不同，学者们应用的创造力测量工具也有所不同。一致性评估技术往往是实验情境下被应用最广泛的测量方法。该方法需要若干相关领域的专家对需要判断的创造性成果的创新程度做出评价。如果专家的评价趋于一致性，则该评价可用于创造力的有效测量。除此之外，还有若干测量工具用于个体创造力的研究中（表 2-2）。

表 2-2　创造力测量量表

研究文献	条目
Oldham 和 Cummings （1996）	这个人的工作原创性如何？
	这个人的工作适应性如何？
	这个人的工作有多富有创造力？
Tierney 等 （1999）	在工作中表现出独创性
	在创造新思路方面敢于冒险
	发现现有方法或设备的新用途
	解决了引起其他困难的问题
	想出新的想法或解决问题的方法
	能够识别新产品/流程的机会
	生成可操作的与工作相关的新颖想法
	作为创造力的良好榜样
	为我们的领域创造革命性的想法
Zhou 和 George （2001）	提出实现目标的新途径
	提出符合实际的新想法来提高性能
	提出新技术、流程、技术或产品理念
	提出提高质量的新方法

续表

研究文献	条目
Zhou 和 George（2001）	创新想法的发起者
	不怕冒险
	向别人宣传和倡导思想
	抓住机会，展现创造力
	为实施新思想合理制定规划
	通常会产生新的创新想法
	提出解决问题的创造性解决方案
	通常有一个新的方法来解决问题
	提出新的工作方式
Farmer 等（2003）	率先尝试新的想法和方法
	寻求并采用新的想法和办法解决问题
	在工作领域中能产生独创性的想法
	是一个好的创造力模范
	能将创新性想法付诸实施

资料来源：根据相关文献整理

2.3 创造力的相关理论与模型

2.3.1 创造力成分模型

Amabile（1988，1996）的创造力成分模型是有关创造力研究最有意义、最基础的理论模型。该模型认为，个体要提高创造力，需要满足三个关键成分。第一个成分是领域相关知识，是指某一特定专业领域的知识和专长；第二个成分是创造力相关技能，包括相关策略、创造性活动经验和创造力技能培训等；第三个成分是任务动机，是指一个人对完成创造性工作的动机，可以分为内在动机与外部动机。Amabile（1988，1996）认为，在这三个成分之中，内在动机最为重要，因为它是整个创造性活动最有力的驱动因素，更是学习和积累专业知识、技能的动力所在。

2.3.2 创造力交互影响模型

Woodman 等（1993）整合了一系列影响创造力的情境因素，提出了个体水平创造行为的创造力交互影响模型。具体而言，该模型包括个体、团队和组织三个层面的情境因素（图 2-1）。

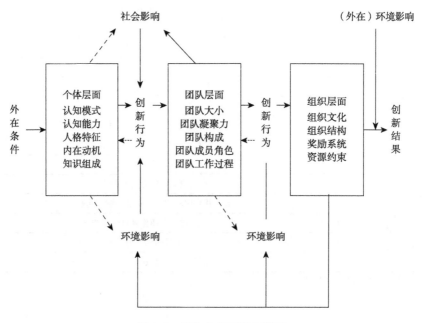

图 2-1　创造力交互影响模型

资料来源：Woodman 等（1993）

首先，个体层面包括个体的认知模式和认知能力等因素；其次，团队层面包括团队大小和团队凝聚力等因素；最后，组织层面重点关注组织文化、组织结构等。创造力交互影响模型系统地总结了影响创造力的三个层面的要素，着重展示跨层次的影响，构建了一个跨层次的交互影响机制，为后续的创造力研究搭建了一个良好框架。

2.3.3　创造力 VSR 模型

Weick（1979）在进化论的基础上，形成了比较成熟和系统的创造力 VSR 模型（图 2-2）。该模型认为创造力的形成会经过变异（variation，V）、选择（selection，S）和保留（retention，R）三个阶段。变异是指环境的不确定性及风险性会促使员工进行创造性思考，产生新方法与新思路；选择是指员工在变异过程当中，对创新的风险进行权衡，从而做出是否创新的选择；保留是指个体在经过变异和选择阶段后，最终形成的创造性解决方案。创造力 VSR 模型由三个阶段形成，从这个过程当中可以看出，环境的变化与创造行为是相互促进、相互影响的关系。

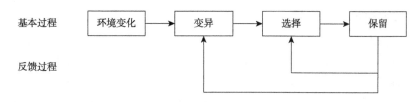

图 2-2　创造力 VSR 模型

资料来源：Weick（1979）

2.4　个体创造力的研究现状

2.4.1　个体创造力的影响因素研究

根据创造力成分模型（Amabile，1988，1996）和创造力交互影响模型（Woodman et al.，1993），影响创造力的环境因素可总结为个人、工作、团队和组织等因素。表 2-3 总结了影响员工创造力形成的代表性研究成果。

表 2-3　员工创造力的关键影响因素研究汇总

分类	前置变量	中介变量	调节变量	有效样本	研究文献
个人因素	主观关系经验	情感承诺；心理能力；创造力自我效能		201 名员工	Vinarski-Peretz 等（2011）
	目标导向		绩效控制	515 份上下级	马君等（2015）
	绩效薪酬	创造力自我效能	人-工作匹配	296 份上下级	张勇和龙立荣（2013）
团队因素	工作-家庭支持	工作投入	创造性人格	773 份上下级	王永丽等（2012）
	团队冲突	团队效能		406 份上下级	周明建等（2014）
组织因素	组织创新氛围	内在动机	工作例行性	493 名员工	连欣等（2013）
	工作不安全感	内在动机		286 份上下级	周浩和龙立荣（2011）

资料来源：根据相关文献资料整理

1. 个人因素

1）人格特质

个体创造力会受到人格特质、认知风格和能力、知识、经验等因素的影响（Woodman et al.，1993）。研究发现，广泛的兴趣、独立的判断、坚定的自我创新意识和自主性等人格特质能正向预测创造力（段锦云等，2013；姚艳虹和韩树强，2013；张振刚等，2016）。

2）认知风格和能力

创造力相关的技能也是激发个体创造力的重要因素。Amabile（1988）认为创造性技能包括收集应用信息、准确记忆及能长时间集中精力的认知风格和能力等。当个体获得各种替代方案或者潜在的相关想法时，拥有这些认知风格和能力的个体更容易建立起与创造力的联系，从而促使创新想法的产生（Amabile et al.，1996）。

3）知识

在个体层面上，知识的深度和广度也与创造力息息相关（Shalley and Gilson，2004）。相关领域的专有知识反映了个体在特定背景下的教育、培训和知识积累等。教育为个体提供了各种经验、观点和知识基础，可以增强个体解决不同问题的技能，从而使其更容易从不同的视角考虑问题，有利于产生不同的新颖观点。而培训则可以指导员工产生新颖的想法，提高其创造性思维能力和问题解决能力。例如，Phipps 和 Prieto（2012）针对美国南部大型公司的研究发现，知识管理正向影响员工创造力。

4）经验

个体需要对工作本身有一定程度的了解才可以进行创造性工作，所以，相关领域的工作经验也是形成创造力的必要组成部分。如果个体没有掌握工作领域内的常规性经验和知识，很难创造性地开展工作。虽然在某些情况下，对工作的熟悉程度可能会导致一些"惯性"的表现，但是员工也可以通过领域内的实践和活动来制造创造力所需的经验。Vinarski-Peretz 等（2011）的研究表明，经验能正向影响员工的创新行为。

5）风险承担

创造力是一种具有风险的试错过程，成功的过程中往往伴随着失败（Shalley and Gilson，2004）。为了形成新颖、有用的产品或者流程，个体必须愿意承担失败的风险。如果员工厌恶风险，那么他们就会更倾向于以常规惯性的方式工作，而不会去找寻新颖的、潜在的、可能更好的工作方法。因此，激励员工创造力的关键是鼓励他们敢于冒险、不怕失败，勇于打破常规（Shalley and Gilson，2004）。

2. 工作因素

1）工作特征

根据 Amabile（1988）的创造力成分模型，工作特征是学者们研究创造力时需要重点考虑的因素之一。在工作特征中，工作岗位是影响员工创造力的重要工作特征之一，合理的工作岗位设置有助于员工工作动机的增强，以及更多创造性成果的产生（Oldham and Cummings，1996）。一方面，当工作复杂苛刻、具有较高的挑战性和自主性的时候，个体更可能将所有的时间和精力投入工作当中，从而能有更多的思考和想法，产生更多的替代性方案，进而有利于创造性成果的产生。另一方面，简单化和常规化的工作难以起到激励员工的作用，也无法让他们灵活地尝试新颖的工作方式，因此他们难以创造性地进行工作（Gilson and Shalley，2004）。

2）目标与期望

目标设定是一种非常有效的激励措施，明确的目标可以提升个体对工作的关注和努力，改变个体精力的投入方向。明确的组织目标是提升员工创造力的一个关键因素。一个明确的任务目标能促使团队专注于新思想的形成与发展，促进创造力的提升。并且，相比于没有创造性目标的个体，拥有创造性目标的个体具有更强的创造力（Gong et al.，2013）。当个体认为创造力很重要时，其创造力水平也会更高。Yuan 和 Woodman（2010）针对 98 名 MBA（master of business administration，工商管理专业型硕士研究生）学生的实证研究发现，个体的期望风险与创造力行为负相关，期望收益与创造力行为正相关。

3）资源

创造力的提升需要个体投入大量的时间、努力、精力及其他物质资源。但是，资源的可用性和丰富程度也会对创造力产生负面影响。过于丰富的资源可能会使个体处于一种过度舒适和松散的工作环境，会对创造力产生"致弱效应"。因此，管理者应该确保员工拥有合理数量的必要资源来进行创造性工作（Taylor，2011）。此外，创造性思维通常来自多人或者团队的投入和支持，个体需要经常与具有不同专长的其他个体交流，才能获得创新活动所需的信息和资源（Waples and Friedrich，2011）。

4）奖励

组织的奖励制度会对员工的创造力产生较大影响（Gilson and Shalley，2004）。奖励可以是货币性的，也可以是非货币性的（如认可和赞美）。Amabile 等（1990）的研究指出，促进员工创造力的关键因素是个体的内在动机，而不是获得外部的奖励。奖励本身并不会对创造力造成不利影响，但是需要考虑两个关键性因素，即什么样的行为会被奖励及如何分配奖励。如果奖励是个体能力得到承认，以及个体尝试创造性活动的见证的话，就会对员工的创造力产生积极影响（Navaresse et al.，2014）。

5）领导行为

领导行为与创造力之间的关系较为明确（Scott and Bruce，1994）。支持性的领导会营造出促进员工创造力的工作环境（Oldham and Cummings，1996）。当领导关注员工的需求，并乐于在决策制定中听取他们的建议时，能有效地提升员工的创造力。但是，领导的负面反馈会阻碍下属的创造力（耿紫珍等，2020）。由此可见，积极的领导行为会促进创造力的提高，而消极的领导行为则会阻碍员工创造力（韩翼和杨百寅，2011；Rego et al.，2014；江静和杨百寅，2014）。

6）评估与反馈

当外部评估能够提供有利于绩效提高的建设性信息时，会积极影响个体的内在动机与创造力（Shalley and Perry-Smith，2001）。因此，领导向下属传达信息反馈有利于下属后续创造力的提高。例如，耿紫珍等（2020）的研究发现，具有发展导向的反馈（如为员工提供学习、发展和改进的有用信息）会正向影响员工创造力。但是也有学者认为，创造力往往涉及新鲜事物，存在着一定的风险（Shalley and Gilson，2004），评估可能会对下属的内在动机和创造力产生负面影响（刘伟国等，2018）。

3. 团队因素

1）社会环境

创造力是个体与团队成员之间互动形成的结果。因为他人对自己工作的看法会影响员工对自己工作和组织的看法，所以员工往往会依靠工作环境中他人的提示来形成自身对创造力的观点。Shalley 和 Gilson（2004）认为，他人的社会影响对个体创造力是非常重要的。当领导集中精力帮助员工建立自信心，鼓励他们参加创造性活动时，员工的创造力自我效能感就会提高，进而促进其创造力的提升。

此外，领导的角色模范作用也会影响员工创造力。角色模范会增加个体在思维发散中的灵活性和独创性。具有高创造力的个体经常将创造力水平更高的个体当作学习榜样（Shalley and Gilson，2004）。此外，工作与非工作支持对个体创造力也有很大的影响，同事与家庭的支持都能正向预测创造力（王永丽等，2012）。

同伴和同事也在提升个体创造力方面发挥着重要的作用。与他人的信息沟通和思想交流有利于形成高水平的创意，因此，团队成员之间的互动和具有建设性的争议有利于团队内部形成更好的工作解决方案（Amabile et al.，1996）。

2）团队构成

学者们普遍认为互动是创造力表现的必要先决条件（Amabile，1988）。团队多样性会增加群体中的可用知识、技能和观点，有利于产生不同的观点和创造性解决方案，促进创造力的形成（Tang and Naumann，2017）。但是，团队成员过于多样化也会造成管理困境，即团队会花费更多时间和精力来维持团队内的融洽度（Shalley and Gilson，2004）。

4. 组织因素

1）组织氛围

开放的组织氛围是影响创新的重要因素。研究发现，当组织文化具有挑战和冒险的性质时，员工更有创造力（连欣等，2013；曹科岩和窦志铭，2015）。这种鼓励冒险的组织氛围会增强员工的心理安全感，使其不会担心自身因为新观点或打破现状而受到惩罚，或承担责任（Edmondson，1999）。公平公正的组织氛围对于提升员工的创造力也很关键（Shalley and Gilson，2004）。公平的环境使个体专注于工作，因为他们不需要担心应该如何做出决定，以及别人会如何看待自己。参与安全性则是指个体能够在不被嘲笑或者不被评估的情况下，自主投入时间与精力。王永跃和张玲（2018）发现参与安全性与员工创造力正相关。

2）人力资源实践

组织可以通过人力资源实践为员工的创造性工作环境提供保障（Waples and Friedrich，2011）。培训有助于提升员工的多样化思维技能，增强创造性思维，增加员工学习业务领域专业知识的机会。组织还可以构建跟踪和监测创造力的系统来评估员工的创造力表现，以此作为奖励的依据。研究发现，利润分享计划会增强员工对组织的长期承诺，使其更愿意创造性地开展工作（Shalley and Gilson，2004）。

2.4.2　中介效应研究

以往研究主要是从内在动机理论、社会认知理论和社会交换理论三个理论视角来剖析有关创造力的影响机制，考察了内在动机、创造力自我效能感和知识分享等变量的中介作用。相关研究归纳如下。

1. 内在动机理论视角

内在动机是指个体被工作和任务吸引而产生的工作动力（Deci and Ryan，1985）。在内在动机的驱动下，个体会对工作表现出强烈的兴趣，表现得更加出色，进而产生更高的创造力（韩宜中，2010）。Amabile 等（1996）指出，很多情境因素都通过内在动机的中介对员工创造力产生影响。高质量的领导-成员交换关系中，下属具有更高的责任心和内在动机，会投入更多的时间和精力开展工作，有利于创造力的提高（江静和杨百寅，2014）。此外，具有高创造性自我效能感的个体对自身的创造力表现有更坚定的信心，会表现出更强的内在动机，进而提高创造性绩效（周浩和龙立荣，2011；丁栋虹和张翔，2016）。

2. 社会认知理论视角

根据社会认知理论，个体的行为动机多来源于对自身行为效果的预期。创造性自我效能感反映了个体对自身是否有能力完成创造性工作，取得创造性成果的信心和信念（Bandura，1997）。以往研究证明了创造性自我效能感在创造力形成过程中的中介作用（顾远东等，2014；杜鹏程等，2015）。

3. 社会交换理论视角

社会交换理论认为知识分享是一个知识交换的过程（曹科岩和窦志铭，2015）。团队中聚集了拥有不同背景、知识和技能的成员，会促进知识的交换和分享，有助于团队成员快速理解和掌握对方拥有的信息、知识，促进新知识、新想法的产生（钱春海，2010），形成更多创造性方案。以往研究证明，组织创新氛围、主动性人格等变量通过知识分享的中介对员工创造力产生影响（曹科岩和窦志铭，2015；张振刚等，2016；丁栋虹和张翔，2016）。

2.4.3　调节效应研究

以往研究主要从特质激活理论、社会交换理论和社会信息处理理论三个理论视角研究了影响创造力的边界条件，包括团队学习行为、组织公平、领导-成员交换关系和心理安全氛围等调节变量。

1. 特质激活理论视角

特质激活理论认为，当组织情境与员工特质紧密相关时，这种特质就可能被激发（Tett and Burnett，2003）。面对相同的情境因素时，不同特质的下属可能会产生截然不同的反应（李磊等，2012）。因此，在团队学习行为的情境下，学习目标导向较高的个体会表现出更强的创造力，而学习目标导向偏低的个体则不太可能受到团队学习行为的影响。Hirst等（2009）以198名员工为样本，发现团队学习行为在学习导向与员工创造力的关系中起到调节作用，当团队学习行为偏高时，学习导向与创造力之间具有非线性关系；当团队学习行为偏低时，学习导向与创造力之间正相关。但是，学习导向并不一定能直接转化为追求创造性的工作目标，因为对学习的关注程度过高，反而可能是低效的。学者们将这些见解扩展到创造力研究领域，认为当员工过分专注于学习导向而不是目标导向时，他们可能会忽视解决方案的可行性。换言之，过于强调学习导向可能会减少个体创造力的回报。

2. 社会交换理论视角

根据社会交换理论，个体的行为与能带来奖励与报酬的活动密切相关（Farh and Cheng，1997）。员工会通过比较自身的工作投入与获得的报酬来决定自己的努力程度。当员工在外部工作环境中能获得有利的资源和感受时，可以有效促进其创造力（Shalley and Gilson，2004）。研究表明，具有不同人格特质的个体对组织公平的感知是不同的。具有外倾性、开放性和尽责性人格的员工具有渴望表现自己、喜欢挑战、勇于尝试、对自身高要求、对组织无私奉献的品质，因此组织公平正向调节这三种人格特质和创造力之间的关系（姚艳虹和韩树强，2013）。

此外，高质量的领导-成员交换关系也可以激发员工创造力。领导与每个下属都有着独特的关系，当领导行为对员工有利时，员工就会投桃报李，尽其所能回报组织。例如，真实型领导会对下属起到示范作用，有利于下属提升创造力，而领导-成员交换关系在其中起到了正向调节作用（韩翼和杨百寅，2011）。

3. 社会信息处理理论视角

社会信息处理理论认为，个体会利用社会情境中的线索来形成自己的价值观、社会规范及行为态度（Salancik and Pfeffer，1978）。社会环境与个体因素的相互作用会影响员工的创造力表现（Amabile，1983；Amabile et al.，1996）。创造性过程投入与创造力之间的联系，实质上是个体与其所处的社会环境进行沟通、讨论，并验证想法的过程（Amabile et al.，1996）。因此，心理安全氛围在创造性过程投入与员工创造力关系中发挥了正向的调节作用（Zhou and Pan，2015）。高度的心理安全氛围会促进员工主动分享思想和信息，并向同事提供支持（Edmondson，1999）。相比之下，心理安全氛围较低的工作环境中，员工不太可能利用其他成员拥有的信息和知识资源，对问题的了解程度就会受到限制，从而降低了其提出创造性解决方案的概率。

2.5　个体创造力的研究述评

通过对创造力的文献进行回顾可知，参与式领导、变革型领导等发源于西方组织情境的领导行为对创造力具有积极的影响。尽管学者们对参与式领导、变革型领导等发源于西方的创新型领导与创造力的关系进行了一些探索，但是这些研究大多数是在西方组织情境下展开的。在中国企业中，传统的家长式领导具有深厚基础。强调平等的参与式领导和注重变革型思维开发的变革型领导是否也能对下属的心理认知和行为产生积极的影响，进而提升创造力，仍然需要进一步研究。

此外，大多数研究都是从单一理论视角去考察参与式领导、变革型领导影响创造力的中介机制，缺乏对多重中介或连续中介机制的探索。因此，未来研究应该基于领导行为—心理认知—行为—创造力的逻辑框架，拓展原有理论视角，或者融合多个理论视角，分析比较这两种创新型领导方式影响创造力的连续中介机制，从而更加全面地揭示领导行为影响创造力的复杂过程。

第 3 章　参与式领导的文献研究

3.1　参与式领导的概念

参与是指个体在某一件事情上的投入程度。随着 20 世纪 50 年代"员工工作生活平衡运动"的兴起，员工不再只是单纯的被管理的对象，而是逐渐参与到组织管理当中。参与式领导也就应运而生。参与式领导具有鼓励自主行为、团队合作、共同参与决策制定三个特征。对于参与式领导的概念，目前尚无统一的定义。学者们对参与式领导的定义有不同的表述（表 3-1）。本书在 Huang 等（2010）的基础上，将参与式领导定义为"管理者为下属提供各种条件和资源，鼓励下属提出意见、参与目标制定，最终共享决策权的一种民主式的领导风格"。

表 3-1　参与式领导的相关概念

研究文献	概念
Sosik 等（1997）	领导在作决策之前会询问下属的意见，并且鼓励下属参与决策制定，最终共享决策权的一种领导风格
Arnold 等（2000）	领导利用团队成员分享和提供的信息进行决策，并且鼓励团队成员表达建议和想法的领导风格
Somech（2003）	领导鼓励下属参与决策，接受下属提出不同意见的一种领导风格
陈雪峰和时勘（2008）	领导让员工参与工作中的信息搜寻、决策制定或解决问题等
Huang 等（2010）	通过向下属提供更大的工作自主权，更多的关心、影响、支持、信息和其他资源来促进下属参与，并通过在决策前征询下属意见，来与下属共享信息和观点的系列领导行为
Miao 等（2014）	鼓励员工参与决策，为员工提供资源和支持的民主式领导风格

资料来源：根据相关文献资料整理

授权型领导与参与式领导较为相似，都鼓励自主行为、团队合作和参与目标的制定。但是，二者的不同之处在于，授权型领导除了乐于与下属分享权力外，还致力于增强其内在动机（唐贵瑶等，2012）。

3.2 参与式领导的维度与测量

由于文化背景与研究目的的不同，学者们测量参与式领导时选用了不同的量表，具体如表 3-2 所示。

表 3-2 参与式领导测量量表

维度	研究文献	量表名称	条目
单维	Arnold 等（2000）	参与式领导行为问卷	主管鼓励我表达自己的观点和建议
			主管乐于倾听我的想法和意见
			主管会听取我的合理化建议
			主管会给我提意见的机会
			主管不会贸然否决我的提议
			主管不会一意孤行
	Ahearne 等（2005）	授权型领导量表（参与式行为分量表）	主管与我共同制定许多决策
			在制定战略决策的时候，主管经常征询我的意见
			在制定与我相关的决策时，主管会征求我的意见
			主管允许我用自己的方式来做自己的工作
			主管减少繁文缛节使我能更高效地做自己的工作
			主管允许我快速做出重要决策来满足顾客的需求
	Zhang 等（2010）	授权型领导量表（参与式行为分量表）	主管与我共同制定许多决策
			在制定战略决策的时候，主管经常征询我的意见
			在制定与我相关的决策时，主管会征求我的意见

资料来源：根据相关文献整理

由表 3-2 可知，学者们大多使用单维结构的量表来测量参与式领导。例如，Huang 等（2010）和 Miao 等（2014）在研究参与式领导与组织绩效和主管信任的关系时，均采用了 Arnold 等（2000）的参与式领导行为问卷，共六个条目。李绍龙等（2015）在有关参与式领导与员工主动变革行为的研究中，采用了 Ahearne 等（2005）编制的授权型领导量表中的参与式行为分量表，共六个条目。向常春和龙立荣（2013）在有关参与式领导与建言行为、积极印象管理动机的研究中，采用了 Zhang 等（2010）编制的授权型领导量表中的参与式行为分量表，共三个条目。以上三个量表在实证研究中均取得了较好的信度与效度。本书的研究者采用 Arnold 等（2000）编制的参与式领导行为问卷来测量参与式领导。

3.3　参与式领导的研究现状

参与式领导的研究源于西方，已有研究证明参与式领导能够有效改善员工在工作场所中的态度和行为（Miao et al.，2014）。但是，在中国情境下参与式领导的相关研究还比较匮乏（向常春和龙立荣，2013）。本书在进行文献总结时，除了参与式领导，还梳理了参与式决策、参与式管理的相关研究，以便更为全面地了解参与式领导的研究现状。

3.3.1　影响参与式领导形成的关键因素

学者们主要从个人特征与情境因素这两个方面探讨了影响参与式领导形成的关键因素。

1. 个人特征

根据相似性吸引理论（Byrne，1971），上下级人口统计特征的相似性会增强双方的影响力、吸引力和信任度，这些都与参与式管理密切相关。相似性可以增强行为的可预测性，有利于提高上下级之间互动的质量。并且，相似性可以促使上下级形成共同的思维方式与交流方式。相比之下，上下级人口统计特征的差异则会导致态度、价值观及信仰的差异，从而降低上下级之间的沟通频率，不利于领导开展参与式管理（Ghaffari et al.，2017）。Somech（2003）对来自36所学校的561名工作人员进行了实证分析，发现上下级人口统计特征的差异（包括年龄、性别、学历和任职时间等）与参与式管理决策呈负相关。

2. 情境因素

1）上下级共同的目标

共同的目标能有效预测双方的信任与互助程度。当上下级有着共同的目标时，彼此会相互支持，帮助对方有效地完成工作，有利于形成参与式管理。Chen 和 Tjosvold（2006）的研究发现，上下级目标相同更容易克服文化边界与障碍，形成参与式领导。

2）上下级关系

关系是人们沟通、互动及交流的一种私人渠道。关系质量会影响自身的行为举止，以及自己对待他人的态度（Chen and Chen，2004）。良好融洽的关系会使个体更有信心让对方考虑自己的想法，从而更容易采纳自己的建议。因此，良好的上下级关系有利于下属公开发言和讨论，是下属有效参与组织决策的基础（Chen and Tjosvold，2006）。如果上下级在工作之余互相关心和考虑对方，会更容易形成参与式领导（Somech and Wenderow，2006）。

3.3.2　参与式领导的影响效应研究

按照结果变量不同，本书将有关参与式领导的研究分为领导相关变量、工作相关变量、组织相关变量、下属相关变量四个类别。分类原则如下：首先，本书将与领导者直接相关的变量，如下属对领导的信任（Miao et al.，2014；Newman et al.，2016）归类为领导相关变量。其次，本书将工作满意度归结为工作相关变量，因为工作满意度是与工作直接相关的一个概念。员工在工作中对工作本身及其各个方面（包括工作环境、工作状态、工作方式、工作压力、挑战性、工作中的人际关系等）而产生的工作态度。再次，组织相关变量为组织氛围、对组织的态度等对组织直接产生影响的变量，如组织承诺、组织公民行为和劳资关系等。最后，本书将工作绩效、建言行为、创造力等下属的工作表现分类到下属相关变量。表 3-3 总结了参与式领导影响效应的代表性研究成果。

表 3-3　参与式领导的影响效应研究汇总

分类标准	结果变量	中介变量	调节变量	有效样本	研究者
工作相关	工作满意度	心理授权		545 名员工	陈雪峰和时勘（2008）
组织相关	组织承诺	心理授权		545 名员工	陈雪峰和时勘（2008）
	组织承诺		性别	70 名银行职员	Bell 和 Mjoli（2014）
	小企业创新		参与式领导行为	201 名管理培训班学生	Yan（2011）
	组织公民行为	情感信任		247 份配对样本	Miao 等（2014）
下属相关	建言行为		参与式领导	27 名员工半结构化访谈，252 份员工-同事配对样本	段锦云等（2015）

资料来源：根据相关文献资料整理

1. 直接效应研究

1）参与式领导对领导相关变量的影响研究

以往研究主要检验了参与式领导对领导信任（Miao et al.，2014；Newman et al.，

2016）的影响。Miao 等（2014）和 Newman 等（2016）将下属对领导的信任分为情感信任、认知信任两个维度。情感信任是双方进行社会交换后形成的情感联系。领导者通过给下属提供机会和支持，鼓励其参与决策，从而引起下属的情感信任。认知信任是下属对领导的能力和可靠性进行客观评估后所形成的信任，取决于领导的表现及下属的认知。参与式领导让下属参与决策的制定，会影响下属对领导在知识、技能和任务处理等方面的看法。

2）参与式领导对工作相关变量的影响研究

工作满意度是个体对工作状态的一种情绪反应。参与式领导通过鼓励下属参与组织决策，同时给予下属资源、信息及支持，会给下属带来内在激励，增强其内在动机，有利于下属工作满意度的提高（Ghaffari et al.，2017）。

3）参与式领导对组织相关变量的影响研究

现有研究主要检验了参与式领导对组织承诺（Bell and Mjoli，2014）、组织公民行为（Huang et al.，2010；Miao et al.，2014）和劳资关系（陈万思等，2013）等方面的影响。

组织承诺。研究发现，中国的企业组织越来越多地运用参与式管理来提高员工的组织承诺，从而应对激烈的市场竞争。参与式领导鼓励员工参与决策制定、共同解决问题，上下级之间相互信任，下属更有可能形成组织承诺（Bell and Mjoli，2014）。

组织公民行为。组织公民行为是一种自发的、有利于组织的，但在体制中未得到直接确认的个人行为（韩志伟和刘丽红，2019）。参与式领导这种支持型的领导风格，会增强下属的内在动机，从而激发其组织公民行为。Huang 等（2010）以 527 名员工为样本的研究，证实了参与式领导正向影响下属的组织公民行为。

劳资关系。领导制定的政策和行为表现对劳资关系有重要的影响。当领导鼓励下属参与决策制定时，会在组织内部形成善意和信任的工作氛围，有利于促成和谐的劳资关系（陈万思等，2013）。

4）参与式领导对下属相关变量的影响研究

参与式领导对于下属的建言行为（向常春和龙立荣，2013；段锦云等，2015；张晨等，2016）、工作绩效（Huang，2012；Miao et al.，2014；Newman et al.，2016）和创造力（刘松博等，2013；李绍龙等，2015）等变量也产生了显著的影响。

建言行为。建言行为是一种主动性的个人行为（李方君等，2018），而领导是影响员工建言行为的关键因素（张晨等，2016）。参与式领导为员工提供各种资源和支持，鼓励员工参与组织管理及决策制定，有利于员工了解组织的内部情况，发现问题并提出建设性意见。同时，参与式领导开明纳谏，增强员工的自我控制感和自主性，使其愿意表达自己的观点。基于社会交换理论，参与式领导会增强下属对领导的信任程度（Miao et al.，2014），促进员工的建言行为（王永跃等，2015）。向常春和龙立荣（2013）的研究也证实了参与式领导与下属的建言行为正相关。

工作绩效。研究表明参与式领导有利于提高下属的工作绩效（Huang et al.，2010；Newman et al.，2016；陈明淑和周帅，2018）。根据社会交换理论（Blau，1964），当员工受到上级的良好对待时，往往会以高水平的工作绩效来进行回报，通过额外的努力对组织做出贡献。由于对领导的高度信任，下属可能更努力地完成工作，从而有更好的绩效表现（Huang et al.，2010；Benoliel and Somech，2014；Newman et al.，2016）。但是，也有学者认为参与式领导与员工绩效并不是线性相关。例如，Lam 等（2015）针对 625 名员工的调查研究发现，参与式领导与员工的工作绩效呈 J 形曲线关系。

创造力。参与式领导是一种鼓励员工参与决策制定、共同解决问题的领导风格，通过与下属分享权力，授予员工一定的自主权和决策权，从而激发其自主创造性（Rolková and Farkašová，2015）。参与式领导还能调动员工的工作热情，激发员工的创新能力，促进创造力的提升（刘松博等，2013；李绍龙等，2015）。

2. 中介效应研究

本书将参与式领导作用机制的相关研究按照社会交换理论、激励模型、社会网络理论和印象管理理论四个视角进行总结，主要考察了心理授权、主管信任等认知和心理变量在参与式领导发挥影响的过程中的中介作用。

1）社会交换理论视角

社会交换理论认为，当领导的行为对员工有利时，员工就会投桃报李，尽其所能回报领导。参与式领导对下属的帮助与支持会增强后者对上级的信任，促使他们更努力地完成工作，表现出更多的建言、组织公民行为，取得更好的工作绩效（李燚等，2015；Newman et al.，2016）。主管信任是指员工对上级的信任程度，通常用于衡量上下级之间互惠关系的质量。研究表明，主管信任在参与式领导与员工的积极工作表现之间发挥了中介作用（Huang et al.，2010；Miao et al.，2014；李燚等，2015）。

2）激励模型视角

激励模型认为，让下属参与决策制定会增强其内在动机和心理授权感，促使他们更努力地工作，提高工作绩效（Thomas and Velthouse，1990）。心理授权是参与式领导与员工行为关系研究的重要中介变量。研究表明，心理授权在参与式领导与下属的组织公民行为（Huang et al.，2010）和工作绩效（Huang，2012）等结果变量之间发挥了中介作用。

3）社会网络理论视角

社交网络理论强调个体的行为不仅受到个体自身特征、认知及态度的影响，还受到其所处的关系网络的影响。因此，学者们提出了社交中心性这个变量来表示个体在整个社会关系网络中与他人联系的程度（Bowler and Brass, 2006）。基于这一理论，施跃东和段锦云（2016）的研究发现，工作幸福感在参与式领导与助人行为之间发挥中介作用。

4）印象管理理论视角

印象管理理论认为个体为了赢得地位高、有权力的人的认可而去管理自身的印象（Leary and Kowalski, 1990）。所以，下属往往愿意为了上级领导进行印象管理。当参与式领导为员工提供资源和支持，并鼓励下属参与决策时，下属会感到自己被寄予厚望，进而会努力通过自身的主动行为来改善领导对自己的印象。向常春和龙立荣（2013）的研究发现，积极的印象管理在参与式领导与建言行为之间发挥了中介作用。

3. 调节效应研究

以往研究主要从社会信息处理理论、领导替代理论、特质激活理论和情境领导理论四个理论视角考察了影响参与式领导作用效果的情境因素，包括下属的文化价值观、权力距离取向、绩效水平及人际公平感等调节变量。

1）社会信息处理理论视角

根据社会信息处理理论，个体的感知和态度会受到来自社会环境中的价值观、规范和期望的影响（Pfeffer and Salancik, 2003）。在参与式领导对下属行为施加影响的过程中，文化价值观会影响个体对外界信息的看法，是非常重要的社会因素。当文化价值观不同时，个体对外界不同信息的权衡可能会受到影响。

2）领导替代理论视角

根据领导替代理论，具有较强工作能力的下属能起到替代领导的作用。具有较强能力的下属会更加自信，市场竞争力也更强，会削弱领导在组织和团队中的作用（Kerr and Jermier, 1978）。基于这一理论，李燚等（2015）的研究发现，参与式领导对员工的默许性、防御性沉默产生负向影响，对其亲社会沉默则产生正向影响，而员工绩效水平对以上三个影响路径起到了调节作用。

3）特质激活理论视角

根据特质激活理论，下属所处的不同情境会对个体的表达起到激发或者抑制的作用（Tett and Burnett, 2003）。领导作为下属进行印象管理的重要目标，所以领导对待下属的方式会对下属的表达差异性产生影响。基于特质激活理论，向常春和龙立荣（2013）发现人际公平感与积极情绪相关。当下属感知到领导以公平、尊重的方式对待自己时，更容易产生积极情绪，进而促进其建言行为；此外，人际公平感还正向调节了积极印象管理动机与抑制性建言的关系。

4）情境领导理论视角

情境领导理论认为，下属的个人特质或者价值观很可能会影响领导行为的作用效果（Hersey and Blanchard，1982）。在不同的情境下，同一种领导风格会产生不同的效果。参与式领导的实质是领导与下属之间分享决策权。因此，下属的权力距离取向很可能会影响其对参与式领导的反应。李绍龙等（2015）的研究发现，参与式领导通过心理授权正向影响下属的主动变革行为，而且，这种影响效应对于权力距离取向较高的下属而言更为显著。

3.4　参与式领导的研究述评

通过文献回顾可以发现，中国对参与式领导的研究还处于起步阶段。虽然学者们对中国情境下参与式领导对员工绩效、组织承诺、组织信任与建言行为的影响进行了初步探讨，但是参与式领导究竟是如何影响这些结果变量的，作用机制仍不明晰。以往研究主要还存在如下的局限性。

首先，以往研究对参与式领导与创造力之间的关系缺乏探讨。目前对于参与式领导的影响效应研究，主要集中于员工的满意度、组织承诺、工作绩效与建言行为等（向常春和龙立荣，2013；陈万思等，2013；Miao et al.，2014；Newman et al.，2016）的研究，鲜有关于创造力的研究。领导行为是员工创造力的重要预测变量（Rego et al.，2014）。那么，参与式领导会对创造力产生怎样的影响，是一个值得深入研究的话题。

其次，以往研究没有全面、深入地揭示参与式领导发挥作用的中介机制。研究者主要以单一或多重中介变量来构建参与式领导与结果变量之间的关系模型（Huang et al.，2010；Miao et al.，2014；施跃东和段锦云，2016），较少考虑两个以上中介变量的连续中介作用。参与式领导对结果变量的影响是一种复杂的心理和认知过程，单一的中介变量并不能有效解释其作用机理。因此，本书认为有必要引入连续中介变量，帮助我们更好地厘清参与式领导的作用机制。

第4章　心理安全感的文献研究

4.1　心理安全感的概念

学者们主要从个体层面、团队层面和组织层面三个层面来定义心理安全感。例如，Schein 和 Bennis（1965）认为安全感是组织中学习和变革"解冻"过程当中的关键因素。他们提出，心理安全感可以减少个体感知到的威胁，有利于创造一个"鼓励个体尝试、包容失败，同时不轻易放弃"的情境，从而减小组织变革的阻力。Kahn（1990）将个体层面的心理安全感定义为"能够尽情地表现自我，而不用担心对自身形象、地位或者事业产生负面影响的一种感知"。Edmondson（1999）则首次将心理安全感聚焦于群体水平，认为心理安全感是"团队确保人际关系风险安全性的一种信念"。尽管学者们从不同层面阐述了心理安全感的定义（表 4-1），但是这些概念不应被视为互相对立的竞争性概念，而是相同构念的互相补充。事实上，心理安全感的不同概念在某个原则上逐渐趋于一致，即"创造一个将人际关系风险感知最小化的工作场所的重要性"（Edmondson，1999）。因为本书主要研究领导行为对员工心理安全感的影响，所以在 Edmondson（1999）的基础上将心理安全感定义为"员工所感知到的人际关系风险的安全程度"。

表 4-1　心理安全感的概念

研究视角	研究文献	概念
个体层面	Kahn（1990）	心理安全感是指员工表现自我时，不用担心对自身形象、地位或者事业产生负面后果的一种感知
团队层面	Edmondson（1999）	心理安全感是指员工的一种共享信念，认为团队会确保其人际关系风险的安全性，是个体在团队中能察觉到的安全感
团队层面	Edmondson（2002）	心理安全感是指员工在工作团队中的一系列无形的人际信念和预言
组织层面	Brown 和 Leigh（1996）	心理安全感是指员工在心理上感知到的组织环境的安全程度

资料来源：根据相关文献资料整理

明确心理安全感与心理授权、工作投入这两个概念之间的区别非常重要。心理授权是一种内在的激励状态，即员工认为自己能掌控自己的工作，包括工作意义、工作自主性、工作能力和工作影响力四个维度。工作投入则是指个体将自身的资源、精力都投入工作角色中的一种认知状态（Kahn，1990；Christian et al.，2011）。虽然心理授权、工作投入及心理安全感都代表了一种积极的激励状态，但是，心理授权和工作投入是个体对自己的工作或任务的认知，而心理安全感则是对更加广泛的社会和工作环境中人际关系的风险的看法（Carmeli and Gittell，2009）。因此，心理安全感代表的是个体对自身所处环境的认知，而不是对自身工作或任务的看法。

4.2　心理安全感的维度与测量

由于文化背景与研究目的的不同，学者们测量心理安全感时选用了不同的量表。具体如表 4-2 所示。

表 4-2　心理安全感测量量表

层面	来源	维度	条目
个体层面	Kahn（1990）	单维	我不害怕在工作中做我自己
			我害怕在工作中表达自己的想法
			我在一个存在威胁的环境中工作
	李宁和严进（2007）	单维	我在工作中表达的都是自己的真实想法
			我不担心表达真实想法会对自己不利
			当我有不同意见时，不会遭到故意习难
			我可以随意表现自我
			我可以自由地表达自己的想法
团队层面	Edmondson（1999）	单维	即使我在团队中做错了事，也不会遭到大家的责难
			团队成员会提出尖锐苛刻的问题
			我不会由于与众不同而被其他成员拒绝
			我在团队中尝试一些带有风险的事情是没有问题的
			我在团队中很容易寻求到其他成员的帮助
			团队中没有人会故意破坏我的工作努力
			与大家一起工作时，我的技能和专长会得到重视并且有机会充分发挥

续表

层面	来源	维度	条目
组织层面	Brown 和 Leigh（1996）	支持性管理	主管不会干涉我完成工作任务的方式
			主管支持我的想法和我完成工作任务的方式
			主管可以让我按照自己的想法做自己的工作
			我很担心承担责任，因为主管经常批评新的想法
			我相信主管会支持我在现场做出的决定
		角色澄清	我完全清楚我的工作是如何完成的
			我的工作范围和责任是明确的
			我的部门的规范和规则很容易理解
		自由表达	我在工作中表现出来的完全是我的真实感受
			我在工作中觉得很自由
			工作中有一部分内容我不能自由表达观点
			工作中我可以如实表达我的真实感受

资料来源：根据相关文献整理

　　根据研究目的，本书采用 Edmondson（1999）所开发的心理安全感量表来测量员工的心理安全感。

4.3　心理安全感的研究现状

4.3.1　影响心理安全感形成的关键因素

　　Kahn（1990）提出，心理安全感的形成受到人际关系、群体动态、领导行为与组织规范四个关键因素的影响。本书参考 Kahn（1990）的观点，将有关心理安全感前置变量的研究分为个体特征、人际关系与支持、群体活动、领导行为及其他情境因素五个方面。表4-3 总结了影响心理安全感形成的代表性研究成果。

表 4-3　影响心理安全感形成的关键因素研究汇总

分类标准	前置变量	有效样本	研究文献
个体特征	主动性人格	139名员工	Chan（2006）
	主动性人格	22 000员工	Wang等（2014a）
人际关系与支持	高质量人际关系	100名员工	Carmeli 和 Gittell（2009）
	团队关怀		Bstieler 和 Hemmert（2010）
	团队信任	144名员工	Zhang等（2010）

续表

分类标准	前置变量	有效样本	研究文献
群体活动	团队边界活动	64个团队	Faraj和Yan（2009）
领导行为	辱虐管理	432份上下级	Liu等（2016）
	变革型领导	336名员工	陈清华（2013）
	真诚型领导	271名员工	丁延开（2015）
	领导包容行为	161份上下级	冯永春和周光（2015）
	道德领导	241名员工	徐世勇和朱金强（2017）
其他情境因素	组织信任	203份上下级	李宁和严进（2007）
	组织公平感	247名员工	张燕等（2015）

资料来源：根据相关文献资料整理

1. 个体特征

Kahn（1990）提到了个体差异的潜在影响，并呼吁学者们探讨个体特征对心理安全感的影响。研究发现，学习、冒险和自我表达等主动性人格特征能显著预测心理安全感（Elsaied，2019）。而且，具有主动性人格的个体会表现出稳定的状态（Wang et al.，2014a），倾向于承担变革风险，乐于发现问题和解决问题，心理安全感程度较高。

大五人格中的情绪稳定性和开放性等特质也与心理安全感有关。相对于焦虑和敌意，情绪稳定的个体更容易感到平静、放松和安全，心理安全感程度更高（Judge et al.，2000）。此外，具有开放性人格特质的个体对新奇事物感兴趣，富有想象力。当外部环境风险较高时，开放性高的个体会更有安全感。事实上，以往研究指出，个体的开放性与承担风险的意愿正相关（Nicholson et al.，2005）。此外，学习导向也是稳定的特质，其特点是提高能力与学习技能（屠兴勇等，2016）。学习导向较高的个体会认为"错误和失败"是自我发展的要素和重要组成部分。因此，学习导向能正向预测心理安全感（Edmondson，1999）。

2. 人际关系与支持

Kahn（1990）指出，人际关系对心理安全感的影响已经超过了领导行为的影响。正如上级领导会向下属传达有关规范和工作场所的适当行为等重要信息，员工通常也会向同事或其他工作人员提供一些重要的线索和资源。因此，团队关怀（Bstieler and Hemmert，2010）和团队信任（Zhang et al.，2010）等人际关系变量也会对心理安全感产生影响。Carmeli 和 Gittell（2009）针对 100 名员工的实证研究结果也证实了高质量的人际关系与心理安全感正相关。

3. 群体活动

当团队有着明确的目标，能够获得充足的资源、支持时，团队成员的心理安全感会得到提高（Edmondson，1999）。Faraj 和 Yan（2009）的研究发现，跨边界活动可以增加团队的资源，对员工的心理安全感有着显著影响。

4. 领导行为

Kahn（1990）与 Edmondson（1999）的研究指出，领导可以给予下属支持、资源和信息，从而影响员工的心理安全感。研究表明，变革型领导（Zhou and Pan，2015）、伦理型领导（Walumbwa et al.，2009）、道德领导（徐世勇和朱金强，2017）、真诚型领导（丁延开，2015）、包容型领导（冯永春和周光，2015）等积极的领导行为会增强下属的心理安全感。同时，负向领导行为则会对下属的心理安全感产生消极影响（Halbesleben and Schaubroeck，2008）。例如，辱虐管理是一种不公平的领导方式，很容易压制下属，使上下级关系成为员工心理困扰的根源，进而削弱下属的心理安全感（Liu et al.，2016）。

5. 其他情境因素

除上述情境因素外，学者们还探讨了其他情境因素对心理安全感的影响。例如，李宁和严进（2007）发现组织信任与心理安全感正相关。此外，组织公平感（张燕等，2015）等变量也对员工心理安全感产生积极的影响。

4.3.2 心理安全感的影响效应研究

Schein 和 Bennis（1965）、Edmondson（1999）认为心理安全感是一种认知状态，是学习和变革的必要条件。结合国内外对心理安全感影响效应的研究，本书将从工作投入、学习行为、公民行为、创造力、工作绩效及其他结果变量等方面来进行心理安全感影响效应的综述。表 4-4 总结了有关心理安全感影响效应的代表性研究成果。

表 4-4　心理安全感的影响效应研究汇总

分类标准	结果变量	中介变量	有效样本	研究文献
工作投入	工作投入		170名员工	May等（2004）
	工作投入			Christian等（2011）
学习行为	个人学习行为		212名学生	Carmeli和Gittell（2009）
	团队学习行为		51个团队	Edmondson（1999）

续表

分类标准	结果变量	中介变量	有效样本	研究文献
公民行为	进谏行为		343名员工	陈颖（2013）
	建言行为		236份上下级	段锦云（2012）
	组织公民行为		247名员工	张燕等（2015）
创造力	创造力		432份上下级	Liu等（2016）
	员工创新	知识分享	387份上下级	曹科岩和窦志铭（2015）
工作绩效	工作绩效		191个团队	Schaubroeck等（2011）
	任务绩效		247名员工	张燕等（2015）
其他结果变量	知识共享		336名员工	陈清华（2013）
	信息共享		100家高科技公司	Bunderson和Boumgarden（2010）

资料来源：根据相关文献资料整理

1. 直接效应研究

1）工作投入

工作投入是心理安全感重要的结果变量之一。Kahn（1990）指出，心理安全感是个体工作投入的必要条件。当个体感到安全的时候，就不会担心出现负面的结果，从而可以更好地投入工作。研究者发现，心理安全感有利于减少个体对负面后果的恐惧，促使其将更多时间、精力、资源和情感都投入工作中去，工作投入度也随之得到提高（Edmondson and Lei，2014）。

2）学习行为

在早期的研究中，已有学者意识到个人学习行为（Edmondson，1999；Carmeli and Gittell，2009）和团队学习行为（Edmondson，1999）都会受到心理安全感的影响。在安全的工作环境中，员工更容易克服在学习中经常会遇到的失败和恐惧，可以把更多的时间、精力投入学习中，专注于创新和改进，而不用担心外部环境对自己会产生威胁（Edmondson，1999；Carmeli and Gittell，2009；张燕等，2015）。

3）公民行为

公民行为被认为是心理安全感的重要结果变量之一。公民行为是指员工工作角色之外的行为，目的是帮助团体和组织运作（Organ，1988）。建言行为是一种为当前的工作和政策提出建议的公民行为，存在潜在的风险。因此，员工发言之前会先评估风险，然后再决定是否发表意见（段锦云，2012）。如果员工认为自己发言是安全的，就会采取建言行为，提出建议；反之，则会保持沉默（陈璐等，2018）。心理安全感有利于创造一个鼓励员工大胆发言的工作环境，对员工的建言行为有积极的预测作用（段锦云，2012）。

4）创造力

心理安全感对创造力会产生积极的影响。心理安全感较高的工作环境有利于员工产生新颖的解决方案。当员工感知到安全时，会提出更多的建议，更容易投入创造性工作中，积极展现各种主动行为，进而产生更多的创意和观点。反之，当员工感知到周边环境中的威胁和不安全时，往往会采取防御态度，难以在工作中表现出创造力（Liu et al.，2016）。Liu 等（2016）通过 432 份上下级配对问卷的调查研究，发现心理安全感与员工创造力正相关。

5）工作绩效

研究表明，心理安全感对工作绩效具有直接影响（Schaubroeck et al.，2011）。首先，心理安全感使员工不害怕犯错或者主动行为会带来潜在的负面评价，从而专注于提高工作绩效。其次，心理安全感有利于增强员工的工作自主性，使他们更容易投入工作当中，有利于工作绩效的提高（张燕等，2015）。

6）其他结果变量

心理安全感还与知识共享、信息共享等结果变量有关。Edmondson 及其同事的研究指出，团队成员之间的知识、信息共享是组织变革和学习的主要过程之一（Edmondson，1999；Edmondson and Lei，2014）。鼓励协作和寻求反馈的工作环境氛围是顺利地进行知识、信息共享的保障。研究证明，无论在个人层面（杨烁和余凯，2019）还是团队层面（Hu et al.，2018；Tu et al.，2018），心理安全感都能促进信息共享行为。

2. 中介效应研究

以往研究主要探索了知识分享、学习创新和认知资源分配在心理安全感对结果变量影响机制中的中介作用。

1）知识分享路径

知识分享是指个体将其拥有的知识通过一定的方式传递给其他个体，同时使这些知识得到利用或优化（叶龙等，2018）。心理安全感强的个体会更加乐意通过交换、分享去学习和创造知识（杨烁和余凯，2019）。Zhang 等（2010）的研究发现，心理安全感对知识分享产生积极影响。同时，知识分享能使不同专业和背景的个体集合在一起，有利于信息的自由流动，增强个体之间的交流，进而促进创造力的提升。因此，知识分享在心理安全感和创造力之间起到了中介作用（曹科岩和窦志铭，2015）。

2）学习创新路径

学习、创新也是心理安全感与工作绩效之间重要的中介路径之一。心理安全感可以通过促进员工的学习行为和创新行为，提高其工作绩效。当员工的心理安全感较强时，会积极展现各种主动行为（如学习行为或创新行为），提出建设性意见，从而产生更多的新创意和新观点，工作绩效也随之提高（Post，2012）。

3）认知资源分配路径

认知资源分配理论认为，员工能分配的认知资源是有限的，员工投入工作中的资源越多，其工作绩效就会越好；反之则越差（Kanfer and Ackerman，1989）。当员工处在一个不安全的环境中时，他们会花费大量的时间和精力来应对这种不安全的情境，而不会将注意力认知集中在工作上。因此，较强的心理安全感会节省员工的认知资源，使其有更充足的时间和精力投入工作当中，从而提高工作专注度与绩效。李宁和严进（2007）的研究也证明了工作专注在心理安全感和工作绩效之间的中介作用。

3. 调节效应研究

以往研究主要从社会交换理论和组织氛围的视角出发，分析心理安全感有效性的边界条件，着重考察了权力距离取向和心理安全氛围等变量的调节作用。

1）社会交换理论视角

权力距离取向是指对组织中权力不平等情况的可接受程度（Hofstede，1980）。学者们较为关注个体层面的权力距离（Kirkman et al.，2006），即个体对组织中权力不平等现象的接受程度（Clugston et al.，2000）。基于社会交换理论的互惠原则，组织支持会正向影响员工的工作成果（顾远东等，2014）。并且，这种积极影响的程度会随着员工对这种互惠的接受程度而权变。例如，与权力距离取向高的员工相比较，权力距离取向低的员工更多地依赖互惠原则来提高自身的工作绩效。因此，权力距离取向低的员工态度、行为更多地受到组织支持的影响。此外，研究还发现，权力距离取向在员工心理安全感和建言行为间的关系中起到了调节作用（于静静等，2015）。

2）组织氛围视角

心理安全氛围有利于促进团队成员的创造力（Hu et al.，2018；Tu et al.，2018）。当团队中的心理安全氛围较高时，员工会更积极地表现自己，更好地促进其创新行为。反之，当心理安全氛围较低时，员工会更多地关注外界评价，害怕失败，不愿意进行创新工作。因此，心理安全氛围在员工心理安全感和创新行为之间起到跨层次的正向调节作用（冯永春和周光，2015）。

4.4　心理安全感的研究述评

通过文献综述可知，国外学术界对心理安全感的研究较为成熟，取得了丰富的成果。但是，目前中国对心理安全感的研究还处于起步阶段。虽然一些学者探讨了中国背景下心理安全感的影响因素与影响效应（冯永春和周光，2015；张燕等，2015），但是这些前置变量是如何影响心理安全感，以及心理安全感是如何影响结果变量的，其中的作用机制并不明晰。

大量研究表明，领导行为是影响员工心理安全感的重要前置变量（丁延开，2015；冯永春和周光，2015；林星驰，2016），但是目前还没有研究考察过参与式领导与心理安全感之间的关系。参与式领导作为新型的领导理论，已经成为领导研究领域的热点（Miao et al.，2014；Newman et al.，2016）。那么，参与式领导是否会影响员工的心理安全感？心理安全感又会通过什么传导机制影响员工绩效或创造力？本书认为可以从前置变量和作用机制两个方面入手，进一步探讨心理安全感的相关课题。

第 5 章　创造性过程投入的文献研究

5.1　创造性过程投入的概念

创造性过程是 20 世纪学者们研究的重要课题之一。Wallace（1926）最先提出创造性过程包括准备、孵化、解释和验证四个阶段。首先，在准备阶段，主要是识别问题，收集相关信息；其次，在孵化阶段产生创新方案；再次，解释孵化阶段产生的方案；最后，对方案进行筛选，留下最合适的创造性解决方案。虽然遭到后续学者的批判，但这个四阶段模型仍然是分析创造性过程的基础（Horng and Hu，2009）。基于 Wallace（1926）的研究，Amabile（1983）将创造性过程定义为一个五阶段模型，指出创造性过程包括创造性问题呈现、准备、创造性想法产生、创造性想法验证和结果评估五个阶段。Finke 等（1992）则从创造性认知的角度来分析创造性过程。他们认为，创造性认知过程包括生成和探索两个阶段。在生成阶段，通过搜索、联系、综合与转化，识别创造性问题；在探索阶段，通过查找、解释、推理和检验等来检验提出假设的正确性。这两个阶段是连续的，一旦生成阶段结束，探索阶段就开始了。如果初步框架通过探索阶段的检验，则产生创造性解决方案。Zhang 等（2010）则根据前人的研究，将创造性过程分为三个阶段，即问题识别、信息搜索和编码，以及创造性想法产生。但是，迄今为止，还没有对创造性过程投入的统一定义。本书参考 Zhang 等（2010）的相关研究，将创造性过程投入定义为员工将自身投入创造的认知过程，是一个包括问题识别、信息搜索和编码，以及创造性想法产生的过程。

5.2　创造性过程投入的维度与测量

目前测量创造性过程投入的量表主要有两个：Tierney 等（1999）的创造性过

程涉入（creative process involvement）量表，以及 Zhang 等（2010）开发创造性过程投入（creative process engagement）量表。量表的结果如表 5-1 所示。

表 5-1　创造性过程投入测量量表

来源	维度	条目
Tierney 等 （1999）	单维	我在工作中展现出了创意的一面
		我产生了新奇的、可操作的，并且与工作相关的想法
		我在产生新想法的过程中面临风险
		我在工作中提出新想法来解决问题
		我有识别新产品和新流程的机会
		我发现现有的方法和设备有新的用途
		我解决了困扰他人的难题
		我树立了创新的好榜样
		我对工作领域有革命性的想法
Zhang 等 （2010）	问题识别	我花相当多的时间寻求问题的本质
		我从多个角度思考问题
		我把一个难题或者任务分解成多个部分以获得更深的理解
	信息搜索 和编码	我参考大量的信息
		我通过多种渠道搜集信息（如个人记忆、他人经验、文件、网络等）
		我保留专业领域内的大量详细信息以备将来使用
	创造性想法 产生	我参考不同的信息来源以产生新想法
		对来自不同领域的方案，我从中寻找关联以启发思路
		在选择最终的解决方案前，我会针对问题提出一些可替代方案
		我尝试提出与已有做事方法不同的潜在方法
		我花相当多的时间运用和加工相关信息以产生新想法

资料来源：根据相关文献整理

由表 5-1 可知，与 Tierney 等（1999）所开发的结果导向的量表相比较，Zhang 等（2010）的量表更多地考虑了创造性想法形成的过程和细节，效度更高（Vinarski-Peretz et al.，2011）。因此，本书选用 Zhang 等（2010）所开发的量表来测量创造性过程投入。

5.3　创造性过程投入的研究现状

创造性过程投入是促进员工创造力的决定因素之一（Amabile et al.，1996；Amabile，1988）。但是，目前中国情境下创造性过程投入的相关研究还比较匮乏。

本书围绕创造性过程投入的前置变量和后果变量两个方面，对国内外相关研究进行了总结归纳。

5.3.1　影响创造性过程投入形成的关键因素

Amabile（1983）提出了创造力成分模型，将影响个体创造力和创造性过程投入的关键因素分成了领域相关技能、创造力相关技能和内在动机三类。这三类因素在个体的创造过程中相互作用，决定了个体的创造力表现。本书参考创造力成分模型，将影响创造性过程投入形成的关键因素分为领域相关知识、技能，创造力相关知识、技能和特质及内在动机与心理授权三类。表 5-2 总结了影响创造性过程投入形成的代表性研究成果。

表 5-2　影响创造性过程投入形成的关键因素研究汇总

标准	前置变量	中介变量	调节变量	有效样本	研究文献
组织层次	主动性人格			300名员工	朱海等（2013）
	批判性思维		自我效能感	347名员工	屠兴勇等（2017）
	批判性思维		领导-成员交换	442名员工	Jiang等（2015）
	心理授权		领导鼓励创新	367名员工	Zhang等（2010）
	情绪智力	内部人身份认知		192名员工	付玉（2015）
	变革型领导	晋升聚焦		279名员工	Henker等（2015）
	领导-成员交换		工作自主权	144名员工	Volmer等（2012）
	心理安全感	活力		128名毕业生	Kark和Carmeli（2009）
	晋升聚焦			279名员工	Henker等（2015）

资料来源：根据相关文献资料整理

1. 直接效应研究

1）领域相关知识、技能

知识储备。领域相关的知识储备是指个体对领域相关知识的熟悉程度，被认为是解决特定问题的认知途径（Amabile，1983）。知识储备丰富的个体拥有更广泛的认知途径，更容易识别创造性问题，产生新的解决方案（Amabile，1983）。因此，在创造性过程中，知识技能可以帮助个体从记忆中获取更多的相关信息，从而产生更多的关于特定问题的新颖想法。

创造性自我效能感。创造性自我效能感是指个体有能力产生创造性观点的信念（Tierney et al.，1999）。创造性自我效能感不仅决定了个体投入创造性过程的时间和精力，还决定了其行为的持续性，以及克服创造性过程中的各种挑战的能力。事实上，挑战是创造性工作的本质，而强烈的信念是推动个体持续投入创造性过程中的必要条件（Bandura，1997）。以往研究表明，具有高创造性自我效能感的员工在创造性工作的过程中会表现得更好（Tierney et al.，1999）。

2）创造力相关知识、技能和特质

批判性思维。批判性思维的核心是追求真理、开放思想及好奇心。追求真理意味着个体会热切地寻求事物最好和最完整的信息，而不是害怕提出问题。具有批判性思维的员工致力于探索真相，积极地投入创造性过程中。而且，具有批判性思维的个体对多样化的世界持开放态度，会灵活地考虑各种观点和想法。这些因素都能够对员工的创造性过程投入产生积极的作用（Jiang et al.，2015；屠兴勇等，2017）。

主动性人格。主动性人格是指个体主动用自己的行为影响周围环境的一种稳定性倾向。具有主动性人格的员工热爱挑战，善于寻找及抓住机会，主动出击并且坚持不懈地努力，直到带来有意义的改变（Wang et al.，2014a）。根据创造力成分模型，主动性人格是一项与创造力相关的技能，会通过创造性过程投入的中介对员工的创造力产生影响。具有主动性人格的员工更容易搜索新的信息、发现存在的问题，从而产生创造性的观点（范恒和张怡凡，2017）。朱海等（2013）的研究还发现主动性人格与创造性过程投入正相关。

活力。活力是一种积极的感受。生理层面的活力是指个体的身体健康、精力充沛等，而心理层面的活力则是指促使个体认为自身的行动有意义的状态。当个体精力充沛、活力四射时，会更加积极地投入创造性过程中，寻求新的想法，提出创造性建议。因此，个体的活力与创造性过程投入正相关（Kark and Carmeli，2009）。

领导-成员交换。根据领导-成员交换理论，领导与每个下属都有着独特的关系（Graen and Uhl-Bien，1995）。与拥有低质量领导-成员交换关系的员工相比，拥有高质量领导-成员交换关系的员工更具有创造性。在领导的鼓励和支持下，他们将精力集中在具有挑战性和困难性的工作中，并且愿意承担更大的风险。研究发现，领导-成员交换质量与员工的创造性过程投入密切相关。良好的领导-成员交换关系会使员工倍感鼓舞，积极地参与到创造性工作当中（江静和杨百寅，2014；Liao et al.，2018）。

3）内在动机与心理授权

内在动机不仅是一种激励状态，也是一种个人特质（Amabile，1983）。内在动机与创造性过程投入的关系可以通过创造力双路径模型来解释。创造力双路径模型认为，创造力具有认知灵活性和认知持久性的功能，这两个功能的改变会影响个体的创造力表现（De Dreu et al.，2008）。认知灵活性是指个体是否可以从不同的角度来思考一个创造性问题；而认知持久性是指个体投入创造性过程中的努力。根据这一理论，为了实现高水平的创造力，个体必须在不同的领域，从不同的角度，将时间和精力投入创造性过程当中（De Dreu et al.，2015）。而且，内在动机是个体对待创造性工作的偏好和态度，将影响其对创造性工作的兴趣程度，具有强烈的内在动机的个体会长期坚持创造性工作。因此，内在动机与创造性过程投入正相关。

心理授权也是一个与内在动机密切相关的变量。心理授权是通过组织实践及向员工提供有效信息的方式，来消除员工的无权力感，提高员工自我效能感的过程。心理授权有助于增强员工的任务动机和工作持续性，会对员工的创造性过程投入产生重要影响。具体而言，当员工认为自身的工作有意义，并且自己在工作中发挥着重要作用时，会从多个角度了解问题、搜集信息，产生更多的解决方案。另外，当员工认为自己有能力成功完成工作任务，对工作有相当的自主决定权时，会倾向于花费更多的时间和精力来钻研一个想法或问题。这类员工也更有可能承担风险，探索新的认知途径。因此，心理授权能够正向影响员工的创造性过程投入（Zhang et al.，2010；李永占，2018，赵英男等，2019）。

2. 中介效应研究

以往研究主要从高质量关系理论和认知行为理论两个视角剖析了影响创造性过程投入的作用机理，考察了活力和内部人身份认知等变量的中介作用。

1）高质量关系理论视角

高质量关系理论（Dutton and Heaphy，2003）认为，高质量的关系会影响员工的活力感。高质量的关系会促进积极的社交关系，有利于提升员工的心理安全感，使他们体会到情感方面的兴奋和活力，从而提高个体对工作的参与程度，使他们更为积极地投入创造性过程之中。因此，活力在心理安全感和创造性过程投入之间发挥了中介作用（Kark and Carmeli，2009）。

2）认知行为理论视角

根据认知行为理论，个体的认知会对自身的行为及产出造成影响（Tierney et al.，1999）。具有内部人身份认知的员工多以"主人翁"的身份定义自己，会主动承担一些额外的工作（李燕萍等，2017）。对这种身份的认知及对工作的态度，有利于提升其创造力（刘宗华等，2018）。此外，情绪智力有利于个体对问题的识别、推理和解决，与创造性行为正相关（段锦云等，2013）。因此，高情绪智力有利于减轻工作压力及不安全感，增强工作满意度和幸福感，促使自身形成内部身份认知，进而提升创造力。付玉（2015）的研究表明，员工的内部人身份认知在情绪智力及创造性过程投入之间发挥了中介作用。

3. 调节效应研究

以往研究主要从工作特征、领导-成员交换理论、社会认知理论和领导鼓励创新四个视角来剖析影响创造性过程投入的作用机理，重点考察了工作自主权、领导-成员交换、自我效能感和领导鼓励创新等变量的调节作用。因此，本书将调节效应的有关研究按照以下四个视角进行总结。

1）工作特征

工作自主权是指员工能有效安排自己工作的程度，包括选择要使用的设备或者决定要遵循的程序等，是核心的工作特征之一。工作自主权使员工有机会尝试新颖有用的工作流程组合，有利于员工突破例行程序，找到最佳解决方案。具有较高工作自主权的员工会对自己的工作负责，更有可能在与领导的交流过程中将创造性过程投入作为中心主题（杜鹏程等，2018）。在同样高质量的领导-成员交换关系之下，工作自主权较差的员工难以如同拥有高自主权的员工一样投入创造性过程中。因此，工作自主权在领导-成员交换与创造性过程投入的关系中起到了正向的调节作用（Du et al.，2019）。

2）领导-成员交换理论视角

根据领导-成员交换理论（Dienesch and Liden，1986），领导只与少数下属具有密切关系，他们通常被称为圈内人。相比于圈外人，这些圈内人与领导更为相似。但是，下属和领导之间的相似性可能会在问题识别、决策制定等方面限制下属的批判性思维。此外，维护高质量的领导-成员交换关系需要展示对对方的忠诚度，如公开表示支持等。具有批判性思维和新颖想法的下属可能会被领导视为背叛者。因此，高质量的领导-成员交换关系有可能会阻碍具有批判性思维的员工投入创造性过程之中。Jiang 等（2015）的研究证实了领导-成员交换质量对批判性思维和创造性过程投入之间的关系产生了负向的调节作用。

3）社会认知理论视角

根据社会认知理论（Bandura，1986），自我效能感表现为员工对自身的评估，不仅包括创意信念，还包括对创造性过程方法的信念（Tierney et al.，1999）。较高的自我效能感有利于员工产生创造性想法，使其能够积极应对创造性过程中的各种困难（王永跃等，2015）。屠兴勇等（2017）的实证研究发现，自我效能感会强化批判性思维对创造性过程投入的积极影响。

4）领导鼓励创新视角

领导可以通过表达对创造性成果的需求来鼓励下属积极地投入创造性过程之中。领导鼓励创新是指管理者向下属强调创造力及创新成果的程度，可以引起员工对创造性过程的关注。当个体意识到创造力在工作中的重要性时，就会投入更多的时间、精力来提升自身的创造力水平（赵书松等，2018）。Zhang 等（2010）的研究证实了领导鼓励创新在心理授权与创造性过程投入的关系中起到了调节作用。

5.3.2　创造性过程投入的影响效应研究

目前，国内外学者关于创造性过程投入结果变量的实证研究不多，主要集中在创造性过程投入对创造力的影响。表 5-3 总结了创造性过程投入影响效应的代表性研究成果。

表 5-3　创造性过程投入的影响效应研究汇总

结果变量	有效样本	研究者
创造力	300名员工	朱海等（2013）
创新行为	347名员工	屠兴勇等（2017）
创造力	442名员工	Jiang等（2015）
创造力	279名员工	Henker等（2015）
创造力	367名员工	Zhang等（2010）

资料来源：根据相关文献资料整理

1. 直接效应研究

根据创造力成分模型（Amabile，1988；Amabile et al.，1996），创造性过程投入是影响员工创造力的关键因素。Shalley 和 Gilson（2004）认为创造性过程投入的价值在于它能有效地预测创造性成果，是影响创造力的前置变量之一。个体必须从事创造性活动，如问题识别、数据收集及解决方案的形成等，才能取得创造性成果。创造性过程是"探索认知途径的灵活性、对工作任务的特定方面的关注及致力于解决方案时遵循特定路径的程度"（Amabile et al.，1996）。如果创造性过程中断，个体难以获取关键信息并用于解决问题，从而导致创造力低下。屠兴勇等（2017）的研究证实了创造性过程投入与员工的创新行为正相关。

2. 中介效应研究

以往研究主要是从自我决定理论、认知评价理论及计划行为理论三个视角来剖析创造性过程投入的影响机制，考察了感知自主权、感知能力等变量的中介作用。

1）自我决定理论和认知评价理论视角

自我决定理论认为，能力、自主权和关联性是个体的基本心理需求，决定了其自身的内在动机水平和福祉。自主权是指个体能够自己启动或规范事件，而不会被他人控制的感觉；能力是指一个人的自我效能感和自主感；关联性是指个体与他人联系的感觉，每个人都不仅要照顾他人，还会被他人照顾（Deci and Ryan，1985）。

认知评价理论是在自我决定理论的基础上发展而来的，认为外部因素通过个体的基本需求来影响内在动机。根据这一理论，外部因素可以分为信息和控制两类。信息类外部因素可以为完成工作提供有用的信息，有利于内部感知；而控制类外部因素可以增强个体的感知自主权，有利于外部察觉。认知评价理论认为，外部因素会通过效能感的增减来影响感知能力（Jussim et al.，1992）。

较高的创造性过程投入意味着个体在问题识别、信息搜索和新想法的产生过程中会投入更多的时间和精力，以保证他们有更多的信息、资源来完成创造性工作。此外，由于信息量较大，个体可以更加轻松高效地完成创造性工作，从而增加自主控制权和自我效能感。而感知自主权和感知能力可以满足个体的某些内在需要，包括自我、自尊、自我实现和成就等（Sheldon et al.，1996；Reis et al.，2000）。因此，个体的感知自主权和感知能力在创造性过程投入与工作经验之间发挥了中介作用。

2）计划行为理论视角

计划行为理论认为，主观规范、行为态度和行为控制是影响行为意图的三个主要因素（Ajzen，1991）。主观规范是对他人的规范期望及遵守这些期望的信念。行为态度就是行为可能产生的结果及对这些结果评估的信念。行为控制是对行为的控制。个体感知自主权程度越高，体会到的行为控制感就越少，会坚持投入创造性任务之中，有利于创造力表现的提高。同时，感知能力还会影响个体对创造性工作的内在动机（Deci and Ryan，1985）。较强的内在动机有利于个体更多地投入创造性过程中，产生高创造性的解决方案，对创造力表现有积极作用。

5.4 创造性过程投入的研究述评

通过文献回顾可知，目前关于创造性过程投入的研究并不丰富。虽然一些研究初步探讨了中国背景下创造性过程投入的影响因素与影响效应（朱海等，2013；屠兴勇等，2017），但是究竟这些前置变量是如何影响创造性过程投入，以及创造性过程投入是如何影响结果变量的，仍然需要进一步探讨。

在前置变量方面，以往研究主要检验了主动性人格（朱海等，2013）和批判性思维（屠兴勇等，2017）等个体层面的因素对创造性过程投入的影响，缺乏对领导行为等组织层面因素的关注。研究发现变革型领导、授权型领导等积极的领导行为会促进员工的创造性过程投入（Zhang et al.，2010；Henker et al.，2015）。那么，参与式领导会如何影响员工的创造性过程投入？而且，Kark 和 Carmeli（2009）发现心理安全感通过活力正向影响员工的创造性过程投入。那么，参与式领导、心理安全感与创造性过程投入之间又是如何相互作用，进而影响员工的创造力？本书认为，有必要就参与式领导、心理安全感、创造性过程投入与创造力之间的作用机制展开深入的研究。

第6章　参与式领导与知识型团队成员创造力之关系模型与假设

6.1　理论模型构建

如何提高员工创造力是学术界和企业界共同关注的重要问题。在全球化和信息化的时代背景下，中国企业面临着日益复杂和动荡的外部环境，风险和机遇并存。因此，企业的创新能力显得尤为重要，提高员工的创造力也逐渐成为企业管理实践中的重要课题。而提升创造力是一个非常复杂的过程，其作用效果也会受到很多因素的影响。学者们已经发现很多影响创造力的因素，包括领导行为、个体特征和团队因素等（韩翼和杨百寅，2011；周浩和龙立荣，2011；曹科岩和窦志铭，2015；Zhou and Pan，2015）。其中，领导行为是值得重点关注并进一步深化探讨的因素。

领导者在企业组织管理中的重要作用是毋庸置疑的。由于受到中国传统的"以领导为主"和"自上而下"的管理理念的影响，中国大部分企业管理层仍然使用家长式的领导方式来管理员工。在新生代员工期望获得组织尊重、追求平等和发展的背景下，这种独断专权的领导风格难以适应现阶段企业的管理要求。与之相反，参与式领导作为一种新兴的积极领导行为，能够有效地促进员工创造力（刘松博等，2013）。

那么，参与式领导是通过怎样的机制对员工创造力产生影响的呢？以往研究从社会交换理论或者创造力成分模型这两个视角探讨领导行为与员工创造力之间的关系。其中，基于社会交换理论的研究主要考察了心理安全感、领导-成员交换关系等变量的中介作用（许彦妮等，2014；古银华，2016）；而基于创造力成分模型视角的研究则探讨了领导行为通过内在动机、创造力自我效能感、创造性过程投入等变量的中介作用（Zhang et al.，2010；雷星晖等，2015）。本书认为，心理安全感和创造性过程投入分别代表了社会交换和认知的过程，在参与式领导影响员工创造力的过程中发挥了连续中介的作用。首先，参与式领导开明纳谏，乐于与下属分享决策权，积极为员工提供相关支持与资源，上下级之间形成一种积极的社会交换关系。这一社会交换过程有利于员工降低对外界风险的感知，增强心理安全感（Huang et al.，2010；李绍龙等，2015）。其次，随着心理安全感的增强，员工会降低自身对失败的恐惧感与对外在人际风险的关注，将有限的认知资源投入创造性相关的过程中，积极进行问题识别、环境扫描、数据收集整理、解决方案的产生和评估等。这一创造性的认知过程有利于促进创造力的提升（Zhang and Bartol，2010）。因此，本书认为，参与式领导影响创造力的过程可以分为相互联系的阶段。首先，根据社会交换理论，参与式领导通过提升心理安全感这一社会交换过程来提升创造性过程投入。其次，根据创造力成分模型，心理安全感通过提升创造性过程投入这一认知过程来促进创造力的提高。具体而言，本书的逻辑思路为：①参与式领导是否通过增强员工的心理安全感这一社会交换过程来鼓励其投入创造性过程？②心理安全感是否通过促进员工创造性过程投入这一认知过程来提升创造力？③心理安全感和创造性过程投入是否在参与式领导与创造力之间发挥了连续中介的作用？

6.2 参与式领导、心理安全感与创造性过程投入

6.2.1 参与式领导对创造性过程投入的影响

创造性过程投入是指员工投入创造力相关活动的认知过程，包括问题识别、信息搜索和编码，以及创造性想法的产生等（Zhang et al.，2010）。创造性过程投入的程度决定了创造性成果的质量，是创造力研究的一个新兴领域。相关实证研究表明，变革型领导、真诚型领导、伦理型领导和谦卑型领导等积极的领导行为是促使下属积极参与创造性过程的关键性情境因素（韩翼和杨百寅，2011；雷星晖等，2015；Zhou and Pan，2015；王永跃等，2015）。本书认为，参与式领导是一种积极的领导行为，对下属的创造性过程投入也具有正向影响。

根据社会交换理论，上下级之间的关系遵循互惠性原则。当下属获得领导所给予的优先照顾时，会责无旁贷地予以回报（陈万思等，2013）。参与式领导与下属之间分享决策权，以及相关的资源、信息，积极征询下属意见，鼓励其参与决策（Lam et al.，2015；李绍龙等，2015）。下属得到领导的重视和信任，也会努力工作来回报领导（Jha and Jha，2013）。面对创造性任务中的挑战与困难，下属会投入更多的时间与精力，承担更大的风险，尝试更多的方法，探索新的认知途径

和想法，力求获得最佳的解决方案（李燚等，2015）。而且，参与式领导比较开明，对新观点持开放态度，乐于与下属探讨工作问题及解决方案，鼓励其提出不同观点以弥补自我局限（Miao et al.，2014；吕逸婧和苏勇，2015；Newman et al.，2016；张晨等，2016）。这种领导方式还可以促进工作场所形成创新性氛围（王楠楠等，2017），激发员工对创新工作的热情，进而积极地投入创造性过程中（Huang et al.，2010；李燚等，2015）。据此，本书提出：

假设 6-1：参与式领导与创造性过程投入正相关。

6.2.2　心理安全感的中介作用

参与式领导通过什么路径影响创造性过程投入？以往研究主要从心理授权和促进性聚焦的角度探索了领导行为影响创造性过程投入的作用机制（Zhang et al.，2010；Henker et al.，2015；Zhou and Pan，2015）。Zhou 和 Pan（2015）揭示了心理安全氛围在变革型领导与创造性过程投入之间的中介效应。这一发现启示我们，参与式领导也可能通过提升下属心理安全感这一社会交换过程来促进其创造性过程投入。

心理安全感的研究涵盖了个体、团队、组织等层次（郝萌和程志超，2015；张振刚等，2016）。本书聚焦于个体层次，认为心理安全感是员工感知的人际关系风险的安全程度。个体层次的心理安全感强调个体内部的心理状态与自我感知，即员工敢于自由地表现真实的自我，而不必担心会对自我形象、地位或职业发展产生负面后果。Edmondson（2004）认为心理安全感是工作环境的基本特征，当个体的安全感需求得到满足时，会产生更大的内在动力去投入学习和工作中。Kahn（1990）进一步提出，在影响创造性过程投入的三种心理条件（工作意义感、心理安全感和可行性）中，心理安全感最为关键。相关实证研究也支持了心理安全感与创造性过程投入之间的正相关关系（Kark and Carmeli，2009；Zhang et al.，2010；Zhou and Pan，2015）。首先，创造性任务具有潜在的风险和威胁。当员工感觉自己的创意和想法会带来个人损失（如出现差错而被领导和同事视为无能等）时，员工更倾向于减少对创造性过程的投入。心理安全感能够在一定程度上降低员工对外界威胁的感知和认知负荷，使其相信即使自己发表真实意见或犯了错误，也不会遭到领导和同事的为难、拒绝或惩罚，故而更有可能主动承担责任和风险（Edmondson，1999；Kark and Carmeli，2009；Zhou and Pan，2015；曹科岩和窦志铭，2015；郝萌和程志超，2015），付出更多与创新任务相关的努力。其次，积极的社会交往过程中产生的活力对员工的工作参与度具有关键性的作用。心理安全感能激发员工的活力和工作热情（Zhou and Pan，2015；曹科岩和窦志铭，2015），进而激励其以积极主动的态度和行为投入创造性过程中。

领导在员工心理安全感的形成和变化过程中扮演着关键的角色（段锦云等，2015；冯永春和周光，2015；Zhou and Pan，2015；古银华，2016；Liu et al.，2016）。如前所述，参与式领导集思广益，与下属共享信息，开放地接受和反馈信息，鼓励下属参与决策。这种领导方式向后者传递了一种信号：即员工对于决策信息和观点的贡献可以得到公正的评价和支持（Huang et al.，2010；向常春和龙立荣，2013；Jha and Jha，2013；李绍龙等，2015），工作环境对于创新是有利的。根据社会交换理论，这种上下级之间互惠的关系模式促使下属理解和权衡创新对组织的重要性，降低其风险感知及对创意失败的恐惧，增强其心理安全感（Zhou and Pan，2015；曹科岩和窦志铭，2015；郝萌和程志超，2015）。而心理安全感强的员工，相应地也拥有更为充足的心理资源，如责任感、活力等，更愿意参与到高风险、不确定的创造性过程之中（Kark and Carmeli，2009；曹科岩和窦志铭，2015；冯永春和周光，2015；王永跃等，2015）。依据此逻辑，我们认为参与式领导不仅能直接影响创造性过程投入，还能通过提升下属心理安全感这一社会交换过程的中介来间接实现。结合假设6-1，本书提出：

假设6-2：心理安全感中介了参与式领导与创造性过程投入的关系。

6.3　心理安全感、创造性过程投入与创造力

6.3.1　心理安全感与创造力

心理安全感是员工创造力的预测变量之一（Zhang et al.，2010；Zhou and Pan，2015；曹科岩和窦志铭，2015；冯永春和周光，2015；王永跃等，2015；Liu et al.，2016）。认知的灵活性和坚持性有助于提高个体创造力。我们认为，心理安全感可以促进员工在创造性工作中的认知灵活性和坚持性。一方面，灵活性是指个体可以在不同要素和类别间变通，打破常规、建立新的联系。心理安全感高的员工不会担心由于从事具有风险性的创新工作而受到批评，会大胆地拓展思维，提出建设性意见，尝试各种非常规的方法。此外，心理安全感还可以促进团队或组织内部的交流和讨论，分享信息和资源。这些行为有助于提高员工的认知灵活性，促使新创意想法的产生。另一方面，坚持性则是指个体会在某一特定方向或范畴内专注并持续付出努力。心理安全感可以使员工减少对工作环境中人际关系等因素的关注，选择聚焦的认知策略，将主要认知资源投诸创新方向上，愿意为完成创造性任务付出持续的努力，进而提高创造力（曹科岩和窦志铭，2015）。实证研究证明，员工在创造性工作

中投入时间、精力,并且付出持续的努力,更容易获得创造性成果(Zhang et al., 2010;朱海等,2013;屠兴勇等,2016)。据此,本书提出:

假设 6-3:心理安全感与员工创造力正相关。

6.3.2　创造性过程投入的中介作用

心理安全感究竟如何促进员工创造力呢?根据创造力成分模型(Amabile,1996),领域相关的知识、创造力相关的知识和技能及内在动机是激发个体创造力的三个主要成分。Zhang 等(2010)认为员工对于创造性过程的投入程度会影响其获取、加工领域相关的知识、创造力相关的知识和技能,并转化为创造力。换言之,虽然心理安全感为刺激员工创造性认知提供了心理上的保障和驱动力,但是为了获得创造性成果,员工必须投入发现问题、处理信息、产生创意这三个阶段的创造性认知活动之中。前文论述了心理安全感对创造性过程投入的促进作用,本书结合创造力成分模型,进一步提出心理安全感通过激励员工投入创造性活动来提升其创造力。

具体而言,心理安全感强的员工充分意识到组织和领导对创新行为的支持,不会担心失败会给他们的职业生涯和声誉所带来的消极结果,故而能够集中时间、精力投入创造性的认知活动中。这些认知活动包括问题识别、环境扫描、数据采集、无意识心理活动、创造性想法的产生及解决方案的实施等(Zhang et al., 2010;朱海等,2013;屠兴勇等,2016)。Amabile 等(1996)指出,创造性的认知过程决定了员工能否关注特定的工作问题,灵活地探索认知路径,寻找到独特的解决方案。一旦员工积极投入创造性的认知过程中,识别问题,分析整合所获得的信息、资源,学习相关技能,很可能产生新颖、实用的解决方案。反之,缺乏心理安全感的员工则担心创新活动可能为自己带来损失或威胁,人际关系处于一种紧张、焦虑的状态,难以全身心地投入创造性的认知活动。如果这一认知过程中断,员工将难以应用关键信息解决问题,从而导致创造力低下(Zhang et al., 2010;屠兴勇等,2016)。所以,心理安全感对创造力具有积极的促进作用,而且这一作用是通过创造性过程投入这一认知过程的中介而实现的。结合假设 6-3,本书提出:

假设 6-4:创造性过程投入中介了心理安全感与员工创造力的关系。

6.4　心理安全感与创造性过程投入的连续中介作用

假设 6-1 到假设 6-4 表明参与式领导通过心理安全感和创造性过程投入来提升

员工创造力。那么，心理安全感和创造性过程投入在心理安全感与创造力的作用关系中，究竟是怎样的逻辑先后顺序呢？即究竟是社会交换过程促进了认知过程，还是认知过程促进了社会交换过程？因为当员工全身心投入创造性过程当中时，个体的努力及工作的完成度会使其对工作的掌握更有自信，可能会促进其心理安全感的提升。但是我们认为相反的可能性更大，即参与式领导是通过影响社会交换过程，进而影响个体的认知过程，最终促进个体创造力的提高。

　　具体而言，参与式领导鼓励下属参与决策，为其提供充足的资源、信息和支持，并且乐于接受下属的建设性意见，与下属分享决策权，会使下属感受到积极的社会交换关系，进而提高自身的心理安全感。进一步，心理安全感的提升会降低员工对风险的感知与对失败威胁的惧怕，同时降低他们对人际关系风险的关注程度，使得他们能将更多的时间和精力投入创造性认知过程当中，大胆进行创造性探索，包括识别问题、搜集分析信息及思考创造性解决方案等。由于员工积极投身到创造性认知过程当中，自然而然地会迸发创造性思维，产生新颖、有用的创意和观点，促进创造力的提升。因此，从概念上来看，创造性过程投入并非凭空出现，而是心理安全感等心理因素的影响结果。也就是说，就领导行为等组织情境因素影响创造力的过程机理而言，社会交换过程应该先于认知过程。总的来说，本书认为参与式领导→心理安全感→创造性过程投入→员工创造力这一连续中介机制更为合理。因此，本书提出：

　　假设 6-5：心理安全感与创造性过程投入在参与式领导影响员工创造力过程中起到连续中介作用。

第7章　参与式领导与知识型团队成员创造力关系的调查研究结果

7.1　研究方法

7.1.1　研究样本的选取

本书的研究者采取问卷调查的方式收集数据,调查对象包括团队领导和成员。考虑到成本及调查可行性与难度,研究者拟采集约 500 份有效的上下级配对的样本用于模型验证。

7.1.2　数据收集过程

本书的数据来源于西南地区五家企业的研发技术部门人员及其直接上司。调查前,研究者与这些公司的人力资源部门取得联系,从人力资源部获得被试者名单,对问卷进行编码,再分别发放给员工及其对应领导。在填写问卷之前,研究团队向被试介绍研究目的和问卷填写方法,强调结果的保密性。被试填写完毕后提交给研究人员。

为避免共同方法误差,问卷调查分为两个时间点进行,时间间隔为 3 周。第一次调查由员工评价直属领导的参与式领导行为及自身的心理安全感;第二次调查由员工评价自身的创造性过程投入,领导评价员工的创造力。第一次调查,研究者对 772 名随机抽取的研发人员进行了问卷调查。共回收 690 名下属的问卷,回收率为 89.38%。第二次调查,共发放 690 份员工问卷和 198 份领导问卷,共有 531 名下属和 144 名上级返回了问卷,下属和上级的问卷回收率分别为 76.96%和72.73%。研究者对两个时间点的问卷进行了匹配,剔除无效问卷后,得到 526 份员工问卷和 144 份领导问卷进入统计分析，有效回收率分别为 76.23% 和 72.73%，最后形成 526 份有效的上下级配对样本。

7.1.3　样本的基本信息

样本的基本信息如表 7-1 所示。员工样本中，60.1% 为男性，平均年龄为 31.62 岁（SD = 7.72），平均工作年限为 8.62 年（SD = 9.06），学历以本科为主（63.0%），大专学历次之（23.6%）。领导样本中，男性约占 72.6%，平均年龄为 38.70 岁（SD = 7.82），平均工作年限为 15.61 年（SD = 8.80），学历以本科为主（58.5%），研究生及以上学历次之（20.6%）。

表 7-1　样本基本特征

员工属性	类别	比例	领导属性	类别	比例
年龄	30岁及以下	45.2%	年龄	30岁及以下	24.7%
	31~40岁	27.7%		31~40岁	31.6%
	41~50岁	23.7%		41~50岁	39.3%
	50岁以上	3.4%		50岁以上	4.4%
性别	男性	60.1%	性别	男性	72.6%
	女性	39.9%		女性	27.4%
学历	研究生及以上	11.7%	学历	研究生及以上	20.6%
	本科	63.0%		本科	58.5%
	大专	23.6%		大专	19.9%
	大专以下	1.8%		大专以下	1.1%

7.1.4　问卷设计

首先，以参与式领导、心理安全感、创造性过程投入和创造力的理论和实证研究为基础，选取具有较高效度和信度的成熟量表。其次，对选取的国外成熟量表进行回译。由两位组织行为领域的硕士研究生将英文的原始量表翻译成中文，再交由一位英语系的硕士研究生回译，并将回译版本与原始量表进行比较、修改，直到两者达成一致。最后，在 1 名教授和 4 名硕士研究生组成的研讨会上，对问卷的可理解度和通顺度进行修改完善，形成正式问卷。

最终的问卷包括参与式领导、心理安全感、创造性过程投入和创造力四个变量，都是单维度变量。为尽可能减少同源方差，本书对调查问卷进行了如下设计：第一，将问卷分为了 A、B 两类，A 卷由员工填写，第一个时间点主要评价直属领导的参与式领导行为、自身的心理安全感，第二个时间点则评价自身的创造性过程投入。B 卷在第二个时间点由上级领导填写，主要评价员工的创造力。第二，采取不同的引导语言，将相近的量表、题项放在问卷的不同位置，以减少被试者的一致性动机。第三，强调问卷的匿名性，以及使用条目的反向处理等。

7.1.5　测量工具

为确保测量工具的信度和效度，本书采用发表于国际权威期刊的成熟量表，严格遵循"翻译-回译"的标准流程（Brislin，1980）。主要研究变量均采用 Likert 6 点量表法度量，从 1（非常不同意）到 6（非常同意）来打分。

1. 参与式领导

参与式领导采用 Arnold 等（2000）编制的参与式领导量表来测量，共 6 个题项。样本条目包括"我们的领导鼓励我们表达自己的观点和建议"，"我们的领导乐于倾听我的想法和意见"和"我们的领导会听取我的合理化建议"等。

2. 心理安全感

心理安全感采用 Edmondson（1999）开发的心理安全感量表来测量，共 7 个题项。样本条目包括"即使我在团队中做错了事，也不会遭到大家的责难"，"我在团队中很容易寻求到其他成员的帮助"，"在团队中尝试一些带有风险的事情是没有问题的"等。

3. 创造性过程投入

创造性过程投入采用 Zhang 等（2010）在 Amabile（1983）基础上改编的量表来测量，共 11 个题项。样本条目包括"我花相当多的时间寻求问题的本质"、"我从多个角度思考问题"和"我花相当多的时间运用和加工相关信息以产生新想法"等。

4. 创造力

创造力采用 Zhou 和 George（2001）在 Scott 和 Bruce（1994）基础上改编的量表来测量，共 13 个题项。样本条目包括"该员工能提出新的方法来实现目标"，"该员工能找出新的技术、流程、技巧和产品创意"和"该员工能设计出合适的计划和方案来实现新想法"等。

5. 控制变量

本书控制了可能对员工创造力产生影响的个人特征，如性别、年龄、学历和工作年限等（Shalley et al., 2000；George and Zhou, 2001；Perry-Smith, 2006）。其中，对性别进行虚拟变量处理，女性为"1"，男性为"0"。工作年限、年龄为自我报告的实际年数。学历分为 4 个等级：大专以下、大专、本科、研究生及以上。

7.2　数据分析方法

本书的研究者主要使用 SPSS 20.0、AMOS 18.0 和 Mplus 7.0 统计软件验证理论模型和研究假设，包括：

（1）信度与效度分析。使用 SPSS 20.0 对量表进行信度分析，使用 AMOS 18.0 对各变量的区分效度进行验证性因子分析；

（2）描述性分析。使用 SPSS 20.0 对变量进行相关性分析与描述性统计；

（3）假设检验。使用 Mplus 7.0 以结构方程模型的方法对假设进行验证。

7.3　数据分析结果

7.3.1　信度与效度分析结果

1. 信度分析结果

本书的研究者以国外成熟量表为基础，并采取了规范的回译程序，问卷的内容效度已得到有效保障。接下来，研究者将采用 Cronbach's α 系数对参与式领导、心理安全感、创造性过程投入和创造力进行信度检验，结果如表 7-2 所示。其中，参与式领导量表的 Cronbach's α 系数为 0.91；心理安全感量表的 Cronbach's α 系数为 0.78；创造性过程投入量表的 Cronbach's α 系数为 0.90；创造力量表的 Cronbach's α 系数为 0.95。从以上结果可以看出，四个量表的内部一致性系数均大于 0.70，说明本书中关键研究变量的测量量表均具有良好的信度。

表 7-2　问卷的信度分析结果

量表	内部一致性系数
参与式领导	0.91
心理安全感	0.78
创造性过程投入	0.90
创造力	0.95

2. 效度分析结果

本书的研究者采用 AMOS 18.0 统计软件进行验证性因子分析，检验主要变量（参与式领导、心理安全感、创造性过程投入、创造力）的区分效度及研究模型的拟合度。研究者选用了以下几个常见拟合指标来评判模型的拟合情况：χ^2/df（卡方与自由度比值）、RMSEA（root-mean-square error of approximation，近似误差均方根）、SRMR（standardized root mean square residual，标准化残差均方根）、CFI（comparative fit index，比较拟合指数）、TLI（tucker-lewis index，非范拟合指数）和 GFI（goodness-of-fit index，拟合优度指数）。一般认为，如果 χ^2/df < 2.50、RMSEA < 0.06、SRMR < 0.06，模型的拟合就达到理想的标准。其他拟合指标 CFI、TLI、GFI 越接近 1 越好，大于 0.90 时最佳。

验证性因子分析的结果如表 7-3 所示。四因子基准模型与数据拟合良好 [χ^2（371）= 3.34，$p < 0.001$；CFI = 0.91；TLI = 0.90；RMSEA = 0.07；SRMR = 0.04]，表现出较好的聚合效度。接下来，研究者在四因子模型的基础上设立了五个替代模型，并进行验证性因子分析。研究者还对基准模型和五个替代模型进行了卡方差异检验，结果表明基准模型的拟合指数比模型 1 [$\Delta\chi^2$（3）= 416.13，$p < 0.001$]、模型 2 [$\Delta\chi^2$（3）= 782.20，$p < 0.001$]、模型 3 [$\Delta\chi^2$（3）= 1 450.91，$p < 0.001$]、模型 4 [$\Delta\chi^2$（5）= 2 153.05，$p < 0.001$] 及模型 5 [$\Delta\chi^2$（6）= 3 852.59，$p < 0.001$] 更佳。因此，基准模型比其他五个替代模型具有更好的拟合度，说明基准模型能更好地代表测量的因子结构，变量具有良好的区分效度，确实是四个不同的构念。

表 7-3　变量区分效度的验证性因子分析结果

模型	χ^2	df	AIC	CFI	TLI	RMSEA	SRMR
基准模型：PAR；PSY；CPE；CRE	1 239.09	371	37 023.85	0.91	0.90	0.07	0.04
M_1：PAR；PSY+CPE；CRE	1 655.22	374	37 433.98	0.87	0.86	0.08	0.06
M_2：PAR+PSY；CPE；CRE	2 021.29	374	37 800.05	0.83	0.82	0.09	0.11
M_3：PAR；PSY；CPE+CRE	2 690.00	374	38 466.76	0.76	0.74	0.11	0.11
M_4：PAR+PSP；CPE+CRE	3 392.14	376	39 166.90	0.69	0.66	0.12	0.15
M_5：PAR+PSY+CPE+CRE	5 091.68	377	40 864.44	0.51	0.48	0.15	0.17

注：N=526；+代表两个因子合成一个变量

7.3.2　变量的描述性统计和相关性分析结果

首先，使用 SPSS 20.0 软件对研究变量进行描述性统计和相关性分析。表 7-4 显示了各变量的平均值、标准差、相关系数及内部一致性系数。

表 7-4　变量描述性统计和相关系数

变量	平均值	标准差	性别	年龄	学历	工作年限	参与式领导	心理安全感	创造性过程投入	创造力
性别	0.40	0.49								
年龄	31.62	7.72	0.10^*							
学历	2.85	0.63	-0.18^{**}	-0.22^{**}						
工作年限	8.62	9.06	0.17^{**}	0.92^{**}	-0.31^{**}					
参与式领导	3.88	1.00	-0.15^{**}	0.06	0.10^*	0.01	(0.91)			
心理安全感	4.38	0.80	-0.03	-0.05	0.01	-0.06	0.12^{**}	(0.78)		
创造性过程投入	4.66	0.79	-0.05	0.14^{**}	0.11^*	0.11^*	0.23^{**}	0.43^{**}	(0.92)	
创造力	4.41	0.85	0.01	0.15^{**}	0.16^{**}	0.15^{**}	0.13^{**}	0.32^{**}	0.34^{**}	(0.95)

$*p<0.05$；$**p<0.01$

注：$N=526$；对角线括号内的数值为变量的 Cronbach's α 值

　　以上的相关分析显示，参与式领导、心理安全感、创造性过程投入和员工创造力都高度相关。具体而言，参与式领导与心理安全感（$r=0.12$，$p<0.01$）、创造性过程投入（$r=0.23$，$p<0.01$）、创造力（$r=0.13$，$p<0.01$）显著正相关；心理安全感与创造性过程投入（$r=0.43$，$p<0.01$）、创造力（$r=0.32$，$p<0.01$）也显著正相关；创造性过程投入与创造力也显著正相关（$r=0.34$，$p<0.01$）。由此可见，各变量之间的相关系数都没有超过 0.75，初步判断不存在多重共线的问题。同时，这些变量之间的相关性与预期关系基本一致，也为后续假设的检验奠定了基础。

7.3.3　假设检验

　　研究者采用结构方程模型的方法来检验前文所提出的研究假设。根据 Anderson 和 Gerbing（1988）的建议，按照模型比较和假设验证两个步骤来进行假设检验。首先，研究者以假设模型为基准模型 M_1，该模型反映了参与式领导到心理安全感和创造性过程投入的直接路径，心理安全感到创造性过程投入和创造力的直接路径，创造性过程投入到创造力的直接路径。该模型的拟合指数通过检验（$\chi^2=1\,397.21$, df = 476, CFI = 0.89, TLI = 0.88, RMSEA = 0.06, SRMR = 0.05），但仍可优化。接下来，研究者构建了 M_2 和 M_3 对基准模型 M_1 进行修正。其中，M_2 取消了 M_1 中参与式领导对创造性过程投入的直接影响（$\chi^2=1\,407.80$, df = 477, CFI = 0.89, TLI = 0.88, RMSEA = 0.07, SRMR = 0.05）；M_3 取消了 M_1 中心理安全感对创造性过程投入的直接影响（$\chi^2=1\,513.10$, df = 477, CFI = 0.88, TLI = 0.87,

RMSEA = 0.07，SRMR = 0.08 ）。

结果表明基准模型比替代模型（M_2 和 M_3）具有更好的拟合度（表 7-5）。这个模型的结果支持了参与式领导与创造性过程投入正相关（假设 6-1），以及心理安全感在参与式领导和创造性过程投入之间的中介作用（假设 6-2）。创造性过程投入在心理安全感和创造力之间的关系中起到中介作用（假设 6-4）也得到了支持。但是在 M_1、M_2 和 M_3 中，假设 6-4 没有得到支持（表 7-6）。

表 7-5　基于潜变量建模的结果

模型	结构	路径	χ^2	df	CFI	TLI	RMSEA	SRMR
M_1	PAR, PSY, CPE, CRE（结构图）	PAR→PSY、CPE，PSY→CPE、CRE，CPE→CRE	1 397.21	476	0.89	0.88	0.06	0.05
M_2	PAR, PSY, CPE, CRE（结构图）	PAR→PSY，PSY→CPE、CRE，CPE→CRE	1 407.80	477	0.89	0.88	0.07	0.05
M_3	PAR, PSY, CPE, CRE（结构图）	PAR→PSY、CPE，PSY→CRE，CPE→CRE	1 513.10	477	0.88	0.87	0.07	0.08
M_4	PAR, PSY, CPE, CRE（结构图）	PAR→PSY、CPE，PSY→CPE，CPE→CRE	1 417.83	477	0.89	0.88	0.07	0.06

注：$N = 526$

表 7-6　心理安全感和创造性过程投入的中介效应检验结果

结构路径	非标准化路径系数			
	M_1	M_2	M_3	M_4
CPE→CRE	0.12*	0.12	0.16**	0.31***
PSY→CRE	0.32***	0.32***	0.31***	—
PSY→CPE	0.62***	0.65***	—	0.63***
PAR→CPE	0.12**	—	0.19***	0.12**
PAR→PSY	0.09*	0.11**	0.10*	0.09*
PAR→CRE	—	—	—	—

续表

结构路径	非标准化路径系数			
	M₁	M₂	M₃	M₄
间接效应				
PAR→CPE→CRE	0.02†	—	0.03*	0.04**
PAR→PSY→CRE	0.03*	0.04*	0.03*	—
PSY→CPE→CRE	0.08*	0.08	—	0.19***
PAR→PSY→CPE	0.06*	0.07**	—	0.06*
PAR→PSY→CPE→CRE	0.01	0.01	—	0.02*

† $p < 0.10$；*$p < 0.05$；**$p < 0.01$；***$p < 0.001$

注：$N = 526$；→为作用方向

为了进一步对模型进行优化与选择，研究者构建了 M₄，即取消了 M₁ 中心理安全感到创造力的直接影响。结果显示，M₄ 具有良好的拟合效度（$\chi^2 = 1\,417.83$，df = 477，CFI = 0.89，TLI = 0.88，RMSEA = 0.07，SRMR = 0.06）。这个模型支持了参与式领导与创造性过程投入正相关（假设 6-1），以及心理安全感在参与式领导和创造性过程投入之间的中介作用（假设 6-2）。创造性过程投入在心理安全感和创造力之间的关系中起到中介作用（假设 6-4），以及心理安全感与创造性过程投入在参与式领导影响员工创造力过程中起到连续中介作用也得到了支持（假设 6-5）。根据模型的简约性原则，研究者选择了 M₄ 作为最终的解释模型。

在控制了性别、年龄、学历和工作年限等变量之后，解释模型 M₄ 中的路径均得到验证。参与式领导对创造性过程投入产生正向影响（$\beta = 0.12$，$p < 0.01$），参与式领导通过心理安全感对创造性过程投入产生正向影响（$\beta = 0.06$, $p < 0.05$）。而心理安全感则通过创造性过程投入对创造力产生正向影响（$\beta = 0.19$, $p < 0.001$）。同时，参与式领导通过心理安全感和创造性过程投入对创造力产生正向影响（$\beta = 0.02$，$p < 0.05$）。因此，假设 6-1、假设 6-2、假设 6-4 和假设 6-5 都得到支持。结果如表 7-6 所示。

研究假设的验证结果汇总如表 7-7 所示。

表 7-7　假设检验结果汇总

假设	结果
假设 6-1：参与式领导与创造性过程投入正相关	成立
假设 6-2：心理安全感中介了参与式领导与创造性过程投入的关系	成立
假设 6-4：创造性过程投入中介了心理安全感与创造力的关系	成立
假设 6-5：心理安全感、创造性过程投入连续中介了参与式领导与创造力的关系	成立

7.4　研究结果讨论

领导风格是影响员工创造力的关键因素。本书融合社会交换理论与创造力成分模型，以心理安全感和创造性过程投入为中介变量，探讨参与式领导、心理安全感、创造性过程投入和创造力之间的作用机制。本书的研究者选择了西南地区五家企业的研发技术部门人员，获得 526 份有效的上下级配对样本，对理论模型和研究假设进行检验，得出了以下主要结论：

（1）参与式领导与创造性过程投入正相关。

（2）心理安全感中介了参与式领导与创造性过程投入的关系。

（3）创造性过程投入中介了心理安全感与员工创造力的关系。

（4）心理安全感与创造性过程投入在参与式领导影响创造力过程中起到了连续中介作用。

7.4.1　参与式领导与创造性过程投入之间的关系

假设 6-1 的研究结果显示，参与式领导对员工的创造性过程投入具有显著正向影响。这一结果与以往研究的结论一致（Zhang et al.，2010），当领导鼓励员工参与决策时，员工会更加积极地参与到创造性过程之中。根据社会交换理论，上下级之间的关系遵循互惠性原则。当"接受者"接受了"施予者"的人情，就会寻求机会去回报。参与式领导鼓励下属表达自己的建议与意见，并且积极为下属提供相关的资源和支持，鼓励下属参与决策的制定，与下属分享决策权。下属得到领导的重视，增强了自信心和自豪感，产生一种领导对自己有"知遇之恩"的想法。基于互惠原则，下属会更加关心组织的绩效与未来发展，加倍努力地工作来回报领导。因此，下属会将更多的时间精力投入创造性工作当中，寻求新颖实用的创造性解决方案，以此来报答上级。

7.4.2　参与式领导、心理安全感与创造性过程投入的关系

假设 6-2 的研究结果显示，心理安全感在参与式领导与创造性过程投入的正向关系之间起到了中介作用，说明参与式领导可以通过增强下属的心理安全感来促进他们将更多的时间、精力投入创造性过程之中。以往研究发现，支持型的领导方式可以给予下属信息、资源和支持，在上下级之间形成互惠关系模式，会提升下属的

"授权感"和"自信感"，有利于建立心理安全感（冯永春和周光，2015）。同时，研究者还发现心理安全感强的员工，不会担心创意失败的风险，积极主动地承担创新任务，对创造性过程的投入程度更高（Zhang et al.，2010）。本书的研究结果进一步揭示了参与式领导通过心理安全感影响创造性过程投入的作用机制。

7.4.3　心理安全感、创造性过程投入与创造力的关系

假设 6-4 的研究结果显示，心理安全感通过创造性过程投入的中介对员工创造力产生积极影响。这一结果可以从员工对创造性工作的风险性的心理认知角度来进行解释。创造性工作的本质是使用创造性的思维去做以往的惯性工作，这类行为隐含了对组织的现状及组织领导权威的挑战，很有可能被领导视为抱怨，或者是对领导的不满。如果员工担心自己的创造性想法或者解决方案会导致个人的损失（例如，降低领导和同事的支持率，或者因为失败给自己的职业生涯带来毁灭性的打击），那么他们更有可能会选择按照惯例开展工作，而不是将时间、精力投入创造性认知过程中。只有当员工的内心察觉到安全，才会积极投身于充满挑战与风险的创造性活动当中。更进一步地，当个体投入足够的时间、资源、信息、精力和努力到创造性认知过程中，才可能产生更多的创造性想法，更有效地解决问题，促进自身创造力的提高。这一结果充分说明了心理安全感可以通过促进创造性认知过程对创造力产生影响。

7.4.4　参与式领导、心理安全感、创造性过程投入与创造力的关系

假设 6-5 的研究结果显示，心理安全感和创造性过程投入在参与式领导影响创造力的过程中发挥了连续中介作用。这一结果证明了参与式领导通过社会交换和创造性认知这两个过程对创造力产生影响。具体而言，参与式领导通过积极征询下属意见，鼓励其参与决策，形成积极的社会交换关系，从而增强他们的心理安全感。接下来，心理安全感会降低员工对风险的感知与关注，有利于他们在创造性活动中投入更多的时间、精力，提升其创造性过程投入。进一步地，员工积极投身于创造性活动，有利于其创新知识和技能的提高，因此也更容易产生创造性的想法。因此，参与式领导通过增强员工的心理安全感，进而促进其创造性过程投入，最终提升员工创造力。

第三篇　变革型领导影响知识型团队成员创造力的链式中介机制研究

第8章 变革型领导的文献研究

8.1 变革型领导的概念

变革型领导最早由 Burns（1978）提出，他认为变革型领导是一种通过描绘美好的愿景激发员工的内在动机，鼓励其超越个人得失实现组织利益的新型领导方式。学者们在此基础上对变革型领导的定义进行了不同的表述，表 8-1 简要总结了代表性学者对变革型领导内涵的相关理解。

表 8-1 变革型领导概念汇总表

研究文献	概念
Burns（1978）	变革型领导与成员之间进行较高层次的互动行为，而非简单的利益交换。他们通过富有吸引力的愿景去激发成员的内在动机，鼓励其不断提升自我价值进而实现组织目标
Bass（1985）	变革型领导通过营造和谐友爱的团队氛围，激励成员为了团队目标勇于奉献，并实现自身在团队内部的价值
Yukl（1989）	变革型领导对员工的授权行为，增强了员工的组织承诺，促使员工更加积极主动地完成组织目标
Fieldsh 和 Herold（1997）	变革型领导通过赢得下属认同，下属自发地去完成领导指派的任务目标
Pillai 等（1999）	变革型领导通过激发下属较高层次的需要，下属明白组织利益高于个人利益，进而表现出超预期的行为
Shah 等（2001）	变革型领导了解变革，并鼓励成员进行变革，努力营造变革氛围，强调专业能力的发展与授权
Waldman 等（2001）	变革型领导通过传达使命、描绘愿景、表现决心及表达高预期等系统化的行为来激发员工的信心
Ackoff（1998）	变革型领导通过描述美好的愿景，表达内心预期，激发员工斗志，提升员工实现这种愿景的信心

资料来源：根据相关文献整理

本书在以往研究的基础上，将变革型领导定义为"领导者通过描述美好愿景、展现自身魅力和挖掘下属潜力，来激发下属的工作积极性和自信心，使其做出超越预期的表现"。

8.2　变革型领导的维度与测量

早期研究将变革型领导划分为智力启发、魅力感召和个性化关怀三个维度（Bass，1985）。Bassh 和 Avolio（1990）在此基础上将魅力感召维度进一步划分为领导魅力、领导感召力两个维度，进而形成领导感召力（或鼓舞性激励）、领导魅力（或理想化影响）、智力启发和个性化关怀四维度结构。李超平和时勘（2005）基于中国文化背景编制了符合中国情境的变革型领导问卷。该问卷除了包含个性化关怀、愿景激励、领导魅力三个维度，还纳入了德行垂范这一具有中国特色的维度。此外，一些研究将变革型领导划分为五个维度或六个维度。Podsakoff 等（1990）则将变革型领导行为划分为六个维度，分别是个性化关怀、提出高期望、智力启发、榜样示范、表达愿景和促进合作。综合以上论述，大多数研究者均比较认可 Bass 和 Avolio（1990）提出的四维度结构的变革型领导量表，并且广泛应用于实证研究中。例如，阎婧等（2016）在研究变革型领导与企业绩效的关系中，采用了 Bass 和 Avolio（1990）编制的 MLQ（multifactor leadership questionnaire）问卷，证明了其在中国情境下的良好信度和效度。曲如杰和康海琴（2014）采用 MLQ 问卷对领导行为与员工创新之间的关系进行了探究，结果同样也证实了该问卷的信度和效度。

本书的研究者借鉴前人的研究经验，采用 Bass 和 Avolio（1990）编制的 MLQ 问卷对变革型领导进行测量。具体而言，该量表包含四个维度：①领导感召力。指向员工描绘美好愿景、设定更高目标、提升工作预期等，使其能够心甘情愿地接受组织安排，并且为了奋斗目标而不懈努力，最终使其表现超出预期。②领导魅力。指领导者具有情操高尚、值得信任、待人真诚并且诚实可信的特质，能够激发员工对其行为的崇拜和认同，增加其对组织目标的热情。③智力启发。指领导者在日常工作中为员工提供经验和技能等方面的帮助，鼓励其挑战现状，提升创新思维能力，能够运用新技术、新方法来解决工作中的问题。④个性化关怀。是指领导者对员工的发展需求和个体需要进行全方位了解和关注，从而有利于员工满意度的提升（Bass and Avolio，1990）。

8.3　变革型领导的研究现状

大量实证研究表明变革型领导会对组织绩效、团队创新和员工创造力等产生积极影响，同时变革型领导风格的形成及有效性又受到来自领导者自身、下属、情境等不同方面的影响（陈春花等，2016）。因此，本书分别从变革型领导的前置变量、结果变量两方面对变革型领导行为的相关研究进行回顾、整理。

8.3.1　变革型领导的前置变量研究

变革型领导的形成和有效性主要受到领导者自身、下属、情境三个客观因素的影响。

1. 领导者自身因素

相关研究表明，变革型领导风格的形成会受到性别、情绪智力等领导者自身因素的影响。在性别方面，女性管理者心思更为细腻，对待员工更容易表现出个性化关怀，而且领导魅力、领导感召力两方面的表现力也比男性领导者更为优异，因此更可能成为变革型领导（刘步，2015）。在情绪智力方面，Smollan 和 Parry（2011）指出情绪智力与变革型领导高度相关，优秀的变革型领导往往具备较高的情绪智力。

2. 下属因素

下属因素包括下属的个体特征、发展特征和工作自主性等方面。在个体特征方面，具备五大人格中的宜人性、开放性、外向性和尽责性的下属更容易被变革型领导者鼓舞人心的诉求打动，进而影响对变革型领导者行为的评级（Bono et al.，2012）。下属的发展特征作为变革型领导的预测因素，当领导者遇到具有自我实现需求、内化的组织道德价值观、集体主义取向、独立批判性思维、积极参与任务和自我效能感的下属时，他们更愿意激活变革领导风格，因为他们认为他们的下属具有适合这种领导风格的特征（Dvir and Shamir，2003）。在工作自主性方面，自主性强的下属会期待或者接受领导者的一些变革型领导行为，相反的自主能力差的便会对此持相反的态度（Wofford et al.，2001）。

3. 情境因素

1）工作情境

工作情境是指与工作相关的因素，如组织属性、组织规模、组织文化、工作氛围等，均能够影响领导行为的有效性。在组织属性方面，非企业组织的规范性比企业组织更弱。在此类组织中，变革型领导更可能通过提供个性化关怀、鼓舞性激励，展现德行垂范和理想化影响来弥补组织规范性的劣势，进而提升员工绩效（陈春花等，2016）。在组织规模方面，组织规模越小，组织内部的复杂程度越低，领导行为的影响力也就越高（朱慧和周根贵，2016）。因此，变革型领导在中小型组织中的效力比在大型组织中更为显著。在组织文化方面，与追求效率的组织文化相比，变革型领导更可能产生于具有创新思维、倡导适应性、包容性强的组织文化。在工作氛围方面，领导者感受到自身被组织的重视程度越高，越可能表现出变革型领导行为。

2）社会情境

社会情境则是指社会大环境中所涉及的因素，如文化背景、地区属性。相对于西方情境，变革型领导在中国情境下能带来更高的绩效。同时，变革型领导的有效性与地区属性也存在关系，变革型领导在发达地区的效能不如欠发达地区（陈春花等，2016）。

8.3.2　变革型领导的结果变量研究

1. 直接效应研究

研究表明，变革型领导对组织、团队和个体三个层次的结果变量会产生积极影响。其中，组织层次的结果变量主要包括组织绩效和组织创新等；团队层次的结果变量包括团队绩效、团队创新等；个体层次的结果变量则包括员工的组织承诺、组织公民行为、建言、工作绩效、创新等。

1）变革型领导对组织层次相关变量的影响研究

在组织层次，以往研究主要检验了变革型领导与组织绩效、组织创新之间的关系。表8-2汇总了变革型领导对组织层次结果变量的相关研究。

表8-2　变革型领导对组织层次结果变量的研究一览表

结果变量	中介变量	调节变量	有效样本	研究者
组织绩效	探索式技术创新	环境动态性	297家企业	王凤彬和陈建勋（2011）
组织绩效	商业模式创新	环境动态性	194家企业	阎婧等（2016）
组织创新		内外部资源的支撑	163名研发人员	Gumusluoglu和Ilsev（2009）

资料来源：根据相关文献整理

研究者发现变革型领导善于构建并描述企业的美好愿景，向员工传达高预期，树立高标准，增强组织内部的凝聚力、目标一致性及员工的努力程度，从而促进组织绩效的提升（王凤彬和陈建勋，2011）。此外，变革型领导能够帮助组织提升内外部社会资本，进而对组织创新绩效产生积极的影响（Chen et al.，2016）。

　　研究者还发现，变革型领导鼓励下属尝试运用创新的方法去解决工作中的问题，增强他们的工作意愿和内在动机，从而具有超常表现，提高组织层次的创造力。例如，Dong 等（2017）认为，变革型领导可以通过改变工作环境、组织文化来影响组织成员的个人动机和工作态度，从而影响组织创造力。

　　2）变革型领导对团队层次相关变量的影响研究

　　团队层次的研究主要探讨了变革型领导对团队绩效、团队创新和团队创造力的影响。表 8-3 汇总了变革型领导对团队层次结果变量的相关研究。

表 8-3　变革型领导对团队层次结果变量的研究一览表

结果变量	中介变量	调节变量	有效样本	研究者
团队绩效	团队建言氛围	团队创新氛围	63 名团队领导和 283 名成员	段锦云等（2017）
团队绩效	组织公民行为/团队沟通		215 位员工	周家贵等（2012）
团队绩效	团队内合作		471 位员工	李超平（2014）
团队创新		团队情绪氛围	85 名团队领导和 450 名成员	刘小禹等（2011）
团队创新	团队知识共享	团队依存	60 名团队领导和 242 名成员	Jiang 等（2015）
团队创新		任务依存	56 名团队领导和 195 名成员	Li 等（2016）
团队创造力	团队学习行为、团队创造氛围	外部社会资本	60 名 CEO[1] 和 206 名团队成员	陈璐等（2016）

1）CEO（chief executive officer，首席执行官）

资料来源：根据相关文献整理

　　研究者发现，变革型领导通过四种行为提高团队绩效。首先，变革型领导坚信团队具有实现较高集体目标的能力。领导者的信心对成员自身的信心产生传染性影响，进而提高成员的自我效能感。其次，变革型领导通过理想化影响为下属树立榜样，引导下属做出更多有利于组织利益的行为，进而促进团队绩效的提升。再次，变革型领导对团队成员进行个性化关怀。这种关切加强了成员的信念，使其表现出更多有利于团队的行为，进而提升团队的效能。最后，领导者通过建立良好的交流机制，营造和谐的团队氛围，促进成员之间互帮互助、相互合作，共同努力提升团队绩效（段锦云等，2017）。

　　此外，Bass（1995）认为变革型领导通过营造创新氛围和促进组织承诺，鼓励团队成员克服创新过程中的障碍，勇于分享他们的知识和经验，从而增加了成员获得新知识和披露新观点的可能性。这种持续促进知识获取和深度处理的策略进一步激发了新思想的产生，为复杂和不确定任务的成功奠定了基础，是团队和组织进行创新的关键。

3）变革型领导对个体层次相关变量的影响研究

变革型领导对个体层次的组织承诺、组织公民行为、建言、工作绩效、创新行为、创造力、知识共享、工作投入和工作满意度等变量均有显著的影响。表 8-4 汇总了变革型领导对个体层次结果变量的相关研究。

表 8-4　变革型领导对个体层次结果变量的研究一览表

结果变量	中介变量	调节变量	有效样本	研究者
组织承诺	组织信任		972 位管理人员	贾良定等（2006）
组织承诺	心理资本		30 位 MBA 学员	李磊等（2012）
组织公民行为	心理授权	工作嵌入	418 位下属及其主管	杨春江等（2015a）
组织公民行为	授权行为/心理授权		183 位 MBA 学员	丁琳和席酉民（2007）
组织公民行为	组织认同/个体差异性		250 名员工及其主管	Tse 和 Chiu（2014）
组织公民行为	情感组织承诺/工作满意度/工作自我效能感/领导认同、组织认同/工作投入/领导-成员交换		600 余篇文献	Ng（2017）
工作绩效	情感组织承诺/工作满意度/工作自我效能感/领导认同、组织认同/工作投入/领导-成员交换		600 余篇文献	Ng（2017）
工作绩效	心理资本	程序公平	785 名员工及其主管	隋杨等（2012）
工作绩效	工作自我效能感		600 余篇文献	Ng（2017）
工作绩效	员工创造力	促进型调节定向	339 名员工和 72 名主管	Chang 和 Teng（2017）
工作绩效	领导-成员交换	主动性人格	213 名员工和 88 名主管	杨春江等（2015b）
建言	内在动机	权力距离取向/自主导向	329 名员工及其直接上级	段锦云和黄彩云（2014）
创造力	心理授权		114 名领导和员工	刘景江和邹慧敏（2013）
创造力	依赖		416 名研发人员	Eisenbeiß 和 Boerner（2013）
创造力	下属关系认同	领导创造力预期	420 份上下级配对样本	Qu 等（2015）
创造力	任务冲突 关系冲突 知识分享		349 名员工和 78 名主管	Bai 等（2016）
创造力	创新氛围	创新自我效能感	372 名员工	Jaiswal 和 Dhar（2015）
创造力	内在动机 创造性工作氛围		534 名员工	郭桂梅和段兴民（2008）
创造力	内在动机/领导-成员交换/工作满意度		254 份上下级配对样本	裴瑞敏等（2013）

续表

结果变量	中介变量	调节变量	有效样本	研究者
创造力		创新氛围/领导认同	212 名员工	Wang 和 Rode（2010）
创新行为	情感组织承诺/工作满意度/工作自我效能感/领导认同、组织认同/工作投入/领导-成员交换		600 余篇文献	Ng（2017）
创新行为	企业家导向	组织创新气氛	212 位领导和 892 位下属	冯彩玲（2017）
创新行为		创新自我效能感	349 对配对样本	曲如杰和康海琴（2014）
创新行为	个体差异化		250 名员工及其主管	Tse 等（2014）
创新行为		任务依存	56 名团队领导和 195 名成员	Li 等（2016）
创新行为	领导-下属关系			丁琳（2010）
工作满意度	下属心理资本	程序公平	418 份上下级配对	隋杨等（2012）
知识共享	领导-成员交换		275 名员工	Li 等（2014）
工作投入	正性情感	情绪智力	211 名员工	王桢等（2015）

资料来源：根据相关文献整理

第一，组织承诺是指个人对特定组织的认同和参与的相对程度（Mowday et al.，1982）。变革型领导通过激起员工的权力动机和内心成就感，增强了员工的组织承诺感。第二，组织公民行为是指员工为促进组织有效性的角色外活动所付出的努力（Organ，1988）。变革型领导基于"社会人"假设，视下属为实现自我价值的自由个体。他赋予下属自主权，唤起下属更高层次的需要，使其表现出更多的组织公民行为。第三，员工建言是一种角色外行为，需要员工付出额外的努力，甚至承担一定的风险。员工会顾及领导与自身的可能互动结果来决定进行建言还是沉默。变革型领导与员工之间产生有效的交流互动，在很大程度上提高了员工建言的可能性（周浩和龙立荣，2012；段锦云和黄彩云，2014）。第四，根据社会认知理论和自我效能理论，变革型领导通过向下属传递大量有关成长与发展的信息，并对下属行为进行赞扬和认可，提升了下属的自我认知和心理资本，进而提高了其工作效率和绩效水平（Min et al.，2013）。第五，变革型领导也是员工创造力的重要预测因素之一。根据自我决定理论，变革型领导能够有效增强员工的内在动机（Deci and Ryan，1985），进而提升员工创造力。另外，根据创造力成分模型（Amabile，1996），研究者还发现变革型领导鼓励下属承担风险，有利于促进员工创造性的发挥（Wang and Rode，2010；冯彩玲，2017）。

2. 中介效应研究

以往研究主要从社会认同理论、社会交换理论、自我决定理论三个理论视角剖析了变革型领导实施影响的作用机理，考察了组织认同、领导认同、员工组织信任、心理授权、领导-成员交换及内在动机等变量的中介作用，归纳总结如下。

1）社会认同理论视角

社会认同是指个体对自身所归属的某团体的一种认识，并伴随着自身作为该团体成员而凸显的一些价值观或情绪。根据社会认同理论，每个个体都具有包含个人认同、社会认同在内的一系列身份认同（Tse et al.，2014）。每种认同都反映了个体的自我价值和自尊心，反过来又成为个体认知、情感和激励过程的基础。因此，个体能否增强自我价值和自尊心，将自己定位为团队中具有特殊需求的独特人物或热心成员，使自身利益与团队利益相一致变得尤为重要。研究表明，在变革型领导实施影响力的过程中，下属对其价值观产生高度认同，激发了内在的工作动机，为了实现团队目标而表现出良好的个人绩效（Jiang et al.，2015）。Ng（2017）的研究则发现领导认同和组织认同中介了变革型领导与工作绩效、组织公民行为之间的正向关系。Tse 等（2014）的研究也证明了变革型领导通过组织认同激发下属的组织公民行为关系。

2）社会交换理论视角

社会交换是指个体之间进行帮助、支持，交换利益的互惠行为（Blau，1956，1964）。对于如何理解变革型领导行为与员工工作后果之间的作用机制，社会交换理论提供了一个重要视角（Bass，1985）。为了增强员工的组织承诺，变革型领导会表现出高品质的社会交换行为，包括对下属的信任、认同、支持、授权等。这些高水平的组织支持会使下属产生互惠的知觉。下属为了完成自己对组织的互惠责任，会表现出更多的组织承诺和组织公民行为。研究证明，心理授权、领导-成员交换关系和组织支持感知均在变革型领导与组织公民行为之间的正向关系中起到了中介作用（Ng，2017）。

3）自我决定理论视角

自我决定理论是一种关于人类动机和个性的理论，涉及人们固有的增长趋势和先天的心理需求。该理论关心人们在没有外部影响和干扰的情况下做出选择的动机，侧重于个人行为的自我激励与自决的程度（Deci and Ryan，1985）。自我决定理论认为个体动机包括三种类型，即无动机、外部动机和内在动机。其中，内在动机是指个体因活动自身的创新性、挑战性或吸引力而促发该活动的内部动力。内在动机受到自主性需求、胜任（能力）需求、关系需求三种基本心理需求满足程度的影响。变革型领导行为可以通过满足员工的三种心理需求，增强其内部动机。被内部动机激励的个体，更能表现出灵活性和坚持不懈的特征，面对具有挑战性的工作和任务时，可以寻找到更多非传统的解决方法，表现出更高水平的创造性。研究者发现，内部动机中介了变革型领导与员工建言（段锦云和黄彩云，2014）、员工创造性（郭桂梅和段兴民，2008）之间的正向关系。

3. 调节效应研究

以往学者主要从社会信息处理理论、程序公平关系模型、领导替代理论、自我确认理论等视角研究了变革型领导发挥作用的边界条件，探讨了团队创新氛围、外部社会资本、程序公平及创新自我效能感等情境变量的调节作用。

1）社会信息处理理论

社会信息处理理论认为个体（包括领导和下属）的感知和态度都受到社会环境中价值观、规范和期望的影响（Salancik and pfeffer，1978）。组织创新氛围是组织鼓励、支持员工进行创新的一种体现（Sarros et al.，2008）。段锦云等（2017）认为，在创新氛围浓厚的团队中，成员之间的沟通会更加及时、有效，有助于将成员对变革型领导行为的感知转换为集体理解与判断，加速形成建言氛围。该研究通过对 63 名领导和 283 名成员进行调查，证明了团队创新氛围显著加强了变革型领导与建言氛围之间的正向关系。

2）程序公平关系模型

员工的工作绩效及其对管理者的拥护程度均与程序公平密切相关。根据程序公平关系模型，员工的程序公平感越高，越容易对变革型领导产生社会认同感，更愿意接受变革型领导的影响（Tyler and Lind，1992）。隋杨等（2012）通过对 785 份上下级配对样本进行分析，证明了程序公平显著增强了变革型领导行为与下属心理资本的正向关系。

3）领导替代理论

根据领导替代理论，个体、任务和组织方面的因素可能抵消或替代领导行为的影响，从而降低正式领导的重要性（Kerr and Jermier，1978）。情绪智力是个体对于自我情绪管理的能力。高情绪智力的下属拥有较高水平的积极情感，因此情绪智力可能会减弱变革型领导对于下属的正性情感的影响。王桢等（2015）以 211 名员工作为样本，发现情绪智力负向调节变革型领导与员工正性情感之间的正向关系。员工的情绪智力越高，变革型领导对正性情感的促进作用越弱，反之越强。

4）自我确认理论

自我确认理论认为，当员工的自我评价与外部权威反馈产生巨大反差时，员工的自信心会随之改变（Swann et al.，1992）。曲如杰和康海琴（2014）发现变革型领导通过对员工进行肯定和鼓励，改变了员工对自身创新能力的认识和评价，使其更有信心进行创新行为。相对于创新自我效能感高的员工，变革型领导对创新自我效能感低的员工的创新行为的正面影响更为显著。

8.4　变革型领导的研究述评

综上所述，学者们对变革型领导的前置变量、结果变量进行了大量研究，研究成果较为丰富。但是，关于变革型领导与创造力之间的关系研究仍然比较匮乏。以往研究从社会认同、自我决定等理论视角探索了员工关系认同（ Qu et al., 2015 ）、内在动机（郭桂梅和段兴民，2008）、心理授权（陈晨等，2015）等变量的中介作用。但是，变革型领导对员工创造力的作用机制较为复杂。大多数研究探讨了单一或者多重变量在自变量与因变量之间的中介作用，对中介变量之间的因果关系缺乏深入剖析。丁琳和席酉民（2007）发现变革型领导是通过授权行为和心理授权的连续中介对组织公民行为产生积极影响，为探索变革型领导的作用机制提供了一个新的研究思路。那么，在变革型领导与员工创造力之间是否也存在连续中介机制？除了内在动机，变革型领导是否会通过激发下属的亲社会动机，进而促进有利于创造力提升的认知模式？变革型领导是否会通过影响下属获取、交换和处理创造性相关信息的行为促进创造力？下属的认知模式和信息处理行为之间是否也存在相互作用？更进一步地，变革型领导是否通过认知模式和行为模式的连续中介作用影响下属创造力？未来研究有必要从新的理论视角深入探讨多个变量在变革型领导与员工创造力之间的连续中介机制。因此，本书基于动机性信息处理理论，引入观点采择和跨边界行为两个中介变量，以期揭开变革型领导对员工创造力的作用"黑箱"。

第9章 观点采择的文献研究

9.1 观点采择的概念

观点采择来源于社会心理学的"社会视角转换"。学者从不同的研究视角对观点采择进行了界定，大致可以分为过程和能力两大类。具体而言，过程观认为观点采择是个体对他人某种特征的理解或判断，强调对角色特性进行评估等过程体现。能力观则将观点采择视为一种能力，更强调个体对他人的观点进行理解、判断的结果体现。表 9-1 总结了现有文献对观点采择概念的相关理解。

表 9-1 观点采择概念汇总表

类别	研究者	概念
过程观	Miller 等（1970）	个体依据自身经验，对他人某种特征进行理解或判断的过程
	Shantz（1983）	观点采集是个体依据自身知识积累和情境信息，对某一突出的角色特性做出评估的过程
	Davis 等（1996）	采纳别人观点并促使产生关怀和帮助行为的过程
能力观	Selman（1980）	个体对自己的观点与他人的观点加以区分，进而发现二者关联的能力
	Eisenberg 和 Mussen（1989）	个体能够将自己置身于他人所处情境，并理解他人观点的能力
	余宏波和刘桂珍（2006）	个体能够对他人行为动机或心理状态做出判断的能力
	吴锐（2009）	个体在将自身与他人观点进行区分的基础上，通过转换思维将二者的观点进行协调
	张海兰和杜瑞（2011）	将自我和他人观点进行区分的同时，对他人观点做出准确判断的能力

资料来源：根据相关文献整理

基于过程观，本书将观点采择定义为："个体在对自己和他人观点加以区分的基础上，能够置身于他人所处情境理解其观点的行为过程。"

9.2 观点采择的维度与测量

观点采择在测量上可以采取单维度和多维度两种形式。一些学者认为观点采择可以划分为空间观点采择和社会观点采择两类。其中，空间观点采择是指个体对于他人在不同于自己空间位置上对某事物的视觉体验和空间知觉的判断；社会观点采择是指个体对于他人在某情境中产生的观点看法、情绪情感等的了解和推断。社会观点采择又分为认知观点采择和情感观点采择两个维度。其中，认知观点采择是个体对他人在某一情境中的思维或观点所做出的判断，而情感观点采择则是指个体对他人在某一情境中的情感体验或情感态度所做出的推测（Litchfield and Gentry，2010）。但是，大多数研究还是以单维度的方式来测量观点采择（Sun et al.，2016；李亚强等，2016；Li and Liao，2017）。本书以观点采择为中介变量，探究变革型领导对员工创造力的影响机制，不涉及观点采择对象的客体性质划分，所以将观点采择作为一个单维度变量来进行研究。

9.3 观点采择的研究现状

观点采择发源于社会心理学领域，早期研究大多为儿童和青少年观点采择能力的发展模式，以及观点采择与共情反应、刻板印象等心理变量之间的关系研究。后期研究逐步拓展到组织行为学领域，开始探究观点采择与组织中的助人行为、建议采纳、创造力等变量之间的关系。本书聚焦于组织行为学领域的文献，从观点采择的影响因素、影响效应和作用机制三方面进行归纳总结。

9.3.1 观点采择的前置变量研究

以往研究表明，个体差异性和外部情境因素均会对观点采择产生影响。其中，个体差异性包括人口统计学因素、个体特质和情境因素等（张凯丽和唐宁玉，2017）。

1. 人口统计学因素

相关研究表明，年龄、性别、专业、兄弟姐妹数量等人口统计学因素会对个体的观点采择能力产生一定影响。例如，王雨晴等（2015）的研究发现，在采纳他人观点时，男性对他人角度的信息加工速度显著低于女性，文科生显著低于理科生。另外，成长的家庭氛围良好、非独生子女及女性员工具有较强的观点采择能力（Mohr et al.，2013）。

2. 个体特质

观点采择需要动机或目标等因素的引导，以克服人类认知或行为的自我中心特征。利己动机不利于观点采择能力的激发，亲社会动机才可能激发观点采择。Hoever 等（2012）发现具有帮助他人动机的员工，往往表现出高水平的观点采择能力。此外，个体的性格、价值观、工作主动性、权力等也会影响其观点采择的能力（Grant and Berry，2011）。Li 和 Liao（2017）发现个体的热心助人特性有利于激发观点采择能力。齐孟阳（2014）的研究证明了集体主义价值观可以提高个体的观点采择能力。李亚强等（2016）则发现权力小的人比权力大的人的观点采择能力更强。

3. 情境因素

个体从他人角度去理解其想法、动机、意图和情绪的积极认知过程是观点采择的重要特征。这个认知过程受到领导、成员之间关系等情境因素的影响。例如，研究者发现，谦卑型领导对员工的观点采择等认知过程产生了积极的影响（Wang et al.，2016）。组织成员之间的关系也会对观点采择产生影响。观点采择更容易发生在双方存在好感、彼此喜欢的个体之间（Galinsky et al.，2008）。此外，多样化的角色体验也能显著提高观点采择的准确性（张凯丽和唐宁玉，2017）。

9.3.2 观点采择的结果变量研究

观点采择的结果变量研究如表 9-2 所示。

表 9-2 社会心理学领域的观点采择相关研究一览表

结果变量	自变量	中介变量	调节变量	有效样本	研究者
刻板印象	观点采择		观点采择者认知闭合的需要	103 名本科生	Sun 等（2016）
人际信任	真实自豪	观点采择 社会支持		576 名大学生	侯璐璐等（2017）
共情性尴尬	观点采择	共情反应	尴尬类型	158 名大学生	孙炳海等（2014）

资料来源：根据相关文献整理

1. 社会心理学领域的相关研究

早期有关观点采择的研究主要关注观点采择对儿童社会认知培养的影响。随着年龄的不断增长，儿童的社会阅历越来越丰富，对他人观点的理解能力越来越强，观点采择能力也随之提升。而且，观点采择能力对青少年的社会行为具有积极的影响，观点采择能力越高的青少年越容易建立自己的朋友圈（陈睿，2013）。

另外，基于自我重叠机制，个体对于采择目标进行观点采择时，会将自身置于采择目标的视角，对后者的思维和感觉进行推断、模拟。这个过程使得个体将目标视为更"自我的"，从而减少对目标的刻板印象（Sun et al.，2016）。大量研究证明观点采择与刻板印象之间存在负向关系（Wang et al.，2016）。

2. 组织行为学领域的相关研究

观点采择的后期研究逐步拓展到组织行为学领域，开始探究观点采择与组织中的助人行为、建议采纳、创造力等变量之间的关系。相关研究如表 9-3 所示。

表 9-3　组织行为学领域的观点采择相关研究一览表

结果变量	自变量	中介变量	调节变量	有效样本	研究者
创造力	帮助-给予	观点采择	基于组织的自尊	247 份上下级配对样本	Li 和 Liao（2017）
创造力	内在动机		亲社会动机/观点采择	90 名安全部队官员	Grant 和 Berry（2011）
创造力	任务冲突	观点采择情绪耗竭	认知重评表达抑制	169 名成员和 44 名主管	张晓洁等（2016）
创造力	领导谦卑	观点采择	认知再评估	451 份上下级配对样本	Wang 等（2016）
创新绩效	任务相关异质性	创新氛围	领导观点采择	60 名团队领导和 242 名成员	Jiang 等（2015）
创造力	团队成员观点采择	团队任务反思	领导批判性思维	296 名员工	江静和杨百寅（2016）
创造力	个人主义集体主义	观点采择		348 位员工	齐孟阳（2014）
上下级关系	下属逢迎行为	心理授权	亲社会动机观点采择	81 位酒店一线员工	张喆和贾明（2016）
网络偏差行为	观点采择	道德推脱		424 名大学生	杨继平等（2014）
对经理报告的收益的评估	角色体验	观点采择		58 名学生	Church 等（2015）
观点采择	权力		权力动机	190 名本科生	李亚强等（2016）

资料来源：根据相关文献整理

1）助人行为

观点采择是一种具有亲社会倾向的认知策略，助人则是一种亲社会行为（Galinsky et al.，2005）。当个体采择他人的观点时，相当于站在他人的角度看待问题，更能够感知他人处境，对他人的痛苦感同身受，更可能实施援助。

2）建议采纳

Yaniv 和 Choshen-Hillel（2012）研究了个体如何通过观点采择克服偏见并对建议做出正确判断。他们发现，人们经常会低估他人向自己提出的建议，不会利用他人的智慧。但是，当人们抛弃以自我为中心的建议处理模式，站在建议提出者的角度去审视问题时，他们对建议判断的准确性就会大大提高。

3）创造力

创造力包括新颖性和实用性两个维度（Amabile，1996）。在创新的过程中，观点采择可以通过两种方式来提升创造力。一方面，当个体有选择地采择他人观点时，会接触到各种各样的观点。在创作过程中，同行的观点不仅是相关的，而且是新颖、原创和独特的，有助于个体的创意开发（Galinsky et al.，2008）。因此，观点采择可以直接促进创造力的产生（Doron，2017）。另一方面，在相关团体中，对领导和成员的观点加以采择有助于对个人创新想法的全面评估和整合，增强这些创新想法的实用性（Li and Liao，2017）。此外，基于神经科学视角，研究者发现"理解他人"和"自我反省"这两个过程在大脑的"默认模式"网络中具有重叠的神经基础（Dimaggio et al.，2008）。同时，创造性认知和发散思维与"默认模式"网络的神经机制相关联，这就意味着观点采择和个体创造力具有相同的重叠神经基础。

观点采择还可以促进团队创造力的提升。观点采择能力较高的团队成员能够站在他人角度思考问题，更准确、更有深度地理解他人观点，从而获得更多有价值的知识和信息，产生更多创新的想法，最终促进了团队创造力的提升（江静和杨百寅，2014；齐孟阳，2014）。

3. 中介效应研究

以往研究主要从动机性信息处理理论和道德推脱理论两个理论视角剖析了观点采择实施影响的作用机理，相关研究结果总结如下。

1）动机性信息处理理论

动机性信息处理理论将团队视为信息处理器，认为团队成员之间对信息进行共享、利用、转换等能有效提升团队创造力（De Dreu et al.，2011）。团队任务反思则是指成员对工作中的目标设定、策略执行等阶段加以反省、对结果加以改进的过程。与团队冲突、信息交换等团队过程变量相比（马永远，2015），团队任务反思不仅强调成员之间的信息分享和学习，还体现了成员对其不足部分的反省和修正。在一定程度上，团队任务反思更能促使成员间互惠和合作机制的建立（Hoever et al.，2012），为团队创造力的提升奠定了基础。团队成员的观点采择行为则会促进其进行任务反思。根据这一逻辑关系，江静和杨百寅（2016）提出并验证了团队任务反思在观点采择与团队创造力之间的中介作用。

2）道德推脱理论

网络偏差行为以多种表现形式出现，如网络过激行为、网络色情行为、网络欺骗行为、黑客、视觉侵犯等，受道德品质等关键因素的影响。根据道德推脱理论，个体内心的道德标准使得人们不会产生违反道德的行为。但是道德推脱可以使道德标准失效，增加了个体进行不道德行为的可能性（Barsky，2011）。因此，在网络环境下，个体的道德推脱水平越高，所表现出的偏差行为越多。观点采择能力高的个体可以通过换位思考等对事物进行更准确的判断，因此，他们所产生的道德推脱和网络偏差行为也会相对较少。杨继平等（2014）的研究表明，道德推脱完全中介了观点采择与网络偏差行为的负相关关系。

4. 调节效应研究

现有文献中关于观点采择的调节效应的研究比较少，具有代表性的是江静和杨百寅（2014，2016）的研究。根据动机性信息处理理论，团队成员的求知动机对信息处理的深度和系统性起着关键作用。具有批判性思维的领导往往比较开放、保持好奇心，倾向于对既定事实产生怀疑，对真理进行不屈不挠的追求（江静和杨百寅，2014）。这些特质会不断激发团队成员对求知的渴望。在具有较强批判性思维的领导的影响下，团队成员通过观点采择，对任务进行深入交流、科学论证，寻找最佳方案，从而促进团队对任务的深度反思（Schippers et al.，2015）。因此，领导的批判性思维对观点采择和任务反思之间的关系起到了正向的调节作用（江静和杨百寅，2016）。此外，大多数研究将观点采择作为调节变量，研究其在创造力、创新绩效及上下级关系等影响过程中的调节作用，相关研究结论总结如下。

1）观点采择在内在动机和创造力之间的调节作用

基于动机性信息处理理论，员工通过观点采择能够判断哪些信息对主管、同事、客户或其他利益相关方更有用。内在动机为员工提供了新颖的想法，观点采择起到了过滤器的作用，用于确定哪些想法比较有用，以及如何以有用的方式来阐述这些想法。例如，内在动机可以促进团队成员产生新的产品构思，激发创造力。与观点采择能力较弱的成员相比较，观点采择能力较强的团队成员更能意识到客户的需求，集中精力来开发客户所需的产品，从而增强内在动机对创造力的影响（Grant and Berry，2011）。

2）观点采择在创新氛围与成员创新绩效之间的调节作用

观点采择作为领导的能力特征之一，可以显著增强团队创新氛围与成员绩效之间的正向关系。领导的观点采择能力越高，创新氛围对成员创新绩效的促进作用越明显。陈睿和井润田（2012）通过对101名领导和493名成员进行问卷调查，证明领导的观点采择在创新氛围与成员创新绩效之间发挥了正向调节作用。

3）观点采择在下属逢迎行为与上下级关系中的调节作用

根据动机驱动的信息处理理论，观点采择能力较强的下属可以将所有观点进行整合、调整和巩固。这个过程类似于信息"过滤器"，可以帮助下属识别哪些逢迎策略更有利，哪些表现方式更好，从而使下属表现出更恰当的逢迎行为，有利于下属与上级之间保持良好的关系（张喆和贾明，2016）。

9.4　观点采择的研究述评

综上所述，以往研究主要探讨了观点采择对员工的助人行为、建言行为及创造力的影响。但是，观点采择受到哪些因素的影响，以及如何影响结果变量的过程机制仍不清晰。本书认为，研究者可以从情境因素和中介变量两方面入手，对观点采择的前因和后果进行深入研究。

首先，变革型领导是影响员工创造力的重要的情境变量（曲如杰和康海琴，2014）。同时，观点采择也能够促进员工创造力的提升（Wang et al.，2016；Li and Liao，2017）。但是，除了 Wang 等（2016）探讨了领导谦卑对员工观点采择的影响，少有研究将变革型领导引入观点采择的研究中，探究变革型领导、观点采择与创造力之间的关系。

其次，以往研究发现团队反思能力在观点采择与创造力之间发挥了中介作用（江静和杨百寅，2016），但是尚无研究探索在个体层次，观点采择是如何影响员工创造力的。跨边界行为是员工获取外部信息、资源的角色外行为（陈璐和王月梅，2017），对创造力也具有促进作用。因此，变革型领导、观点采择、跨边界行为与创造力之间是否形成了链式中介效应，也值得进一步研究探讨。

第10章 跨边界行为的文献研究

10.1 跨边界行为的概念

跨边界行为最早由 Ancona（1990）提出，是指团队成员努力与组织中的其他团队，或跨越组织边界与组织之外的团队建立联结的过程。Marrone 等（2007）则认为跨边界行为是团队成员为实现团队总体目标，与外部群体保持交流、互动的行为。跨边界行为与团队内部成员间的互动不同，反映了团队与外部相关方互动的实质。尽管团队内部过程和外部过程均是团队成员为实现团队绩效目标或总体任务所做出的行动，但是团队成员的跨边界行为是在双边或者多边网络下，与团队之外的关键团队或人员之间进行的互动。跨边界行为可以获取有价值的知识、信息、资源等，进而提升团队绩效。综上所述，本书将跨边界行为界定为："团队成员利用自己的社会网络，与外部相关者进行互动，以获取团队有利信息，进而帮助团队实现总体绩效目标的行为。"

10.2 跨边界行为的维度和测量

跨边界行为包括多维度和单维度两类变量。Ancona 和 Coldwell（1987）将跨边界行为划分为使节活动、任务协调、侦察活动三个维度。其中，使节活动是指团队成员与更高层级的领导或客户进行纵向沟通，以取得更高层的支持与承诺，在一定程度上具有政治性。任务协调是指团队成员与平级的外部相关群体或人员所进行的资源共享等横向沟通，以达成平行合作，完成共同目标。侦察活动则是指团队成员与外部具有特定知识的关联群体或人员之间进行的沟通，目的是理解外部相关信息和竞争环境，促使团队更好地学习和创新。例如，奉小斌和彭学兵（2013）按照以上维度对跨边界行为进行了划分，分别探讨了任务特征对使节活动、任务协调及侦察活动的影响。但是，大多数研究仍是将跨边界行为作为单维度变量进行研究。例如，刘松博和李育辉（2014）探究了员工的跨边界行为对任务绩效的作用机制。宋萌等（2017）对领导的跨边界行为与团队创新之间的关系进行了研究。本书拟沿用目前文献中广泛采纳的单维结构对跨边界行为进行研究。

10.3 跨边界行为的研究现状

10.3.1 跨边界行为的前置变量研究

根据以往研究，跨边界行为的影响因素大致可以分为两类：任务相关因素和团队相关因素。其中，任务相关因素包括任务依赖性、任务复杂性、任务非常规性、任务时间压力等。团队相关因素则包括团队功能、团队领导、团队成员等。

1. 任务相关因素

相关研究表明，任务性质决定了团队成员在外部群体或人员中获取知识或技能的压力程度。当面对困难的任务时，个体会通过学习来满足他们面临的知识缺陷。学者们主要从任务的依赖性、复杂性、非常规性和时间压力等方面来阐述其对跨边界行为的影响。

1）任务依赖性

任务依赖性是指团队成员为了完成任务，与外部合作者交换成功的程度。当任务依赖性很高时，团队成员为了帮助团队完成任务，有必要与外部相关群体或成员建立交流。因此，成员会更积极参与跨边界行为（奉小斌和彭学兵，2013）。

2）任务复杂性

任务复杂性是指任务相关的认知需求水平。复杂的任务涉及多种因素或信息，需要团队成员具有大量的认知资源。然而，个体的认知资源往往是有限的，需要他们通过自己的社会网络去寻求对自己有利的他人认知结构，以弥补自己的认知缺陷（Sun et al., 2016）。

3）任务非常规性

任务非常规性是指任务可预测或可分析的程度。当团队成员面对非常规的任务时，不能轻易获得足够的参考或答案。他们可能会对自己的现有知识感到不满，进而寻求更多信息和知识。因此，团队成员可能会通过跨边界行为去填补现有知识与完成非常规任务所需知识之间的差距。

4）任务时间压力

除了任务的特征之外，时间压力也会对跨边界行为产生影响（Baer and Oldham, 2006）。团队成员一旦意识到任务完成的时间紧迫，就会想办法寻求外部团队或人员的帮助，通过内外部的协调配合来完成共同目标。

2. 团队相关因素

在团队层次，跨边界行为会受到团队功能、团队领导和团队成员等因素的影响。

1）团队功能

在异质性的团队中，成员来自不同学科和职能部门，都具有相关专长。当多元化的专业人士组成跨功能团队时，功能异质性能够刺激团队成员与团队外的相关人士沟通，为团队提供更广泛的信息、知识和资源（Drach-Zahavy and Somech, 2010）。此外，成员多元化的经验、专业知识及在原有团队的成员身份可以促使团队与原有团队加强联系。因此，异质性的团队更有可能在团队边界之外拥有更多样化的联系，有利于跨边界的任务协调和侦察活动。

2）团队领导

团队领导的特质及个人关系网也会对团队成员的跨边界行为产生影响。例如，共享型领导是一种极具平等、互惠性质的领导方式，表现为根据任务特性选择最为合适的员工暂时担任领导角色。在进行跨边界活动时，共享型领导可以保证领导能力与情境相匹配，提高资源获取率（王亮等，2017）。

3）团队成员

团队成员的特质也可能会影响其自身或者团队的跨边界行为。研究证明，自我效能感高的个体能够自信地与外部相关者进行互动、交流，更可能参与跨边界行为（Marrone et al., 2007）。此外，核心自我评价高的成员对组织的认同较高，会展现更高水平的跨边界行为和信息寻求行为（张华磊等，2014）。此外，促进型调节定向的团队成员追求"理想自我"，渴望进步与创新，会主动地通过与客户、专家等外部相关者的跨边界行为来获得对团队有用的资源和信息（李磊和尚玉钒，2011）。

10.3.2 跨边界行为的结果变量研究

1. 直接效应研究

跨边界行为主要对团队（组织）和个体等层次的结果变量产生影响。

1）团队（组织）层次

团队（组织）层次的结果变量包括组织创新、产品创新、团队创造力、团队绩效等，相关研究结果详见表 10-1。

表 10-1　跨边界行为的团队（组织）层次结果变量研究一览表

结果变量	自变量	中介变量	调节变量	有效样本	研究文献
探索能力 开发能力	跨界搜寻		吸收能力	167 家上市公司	肖丁丁和朱桂龙 （2016）
产品创新	本地和国际 交互搜索		技术范围	343 家公司	Wu 和 Wu （2014）
开放式服务创新	组织边界 跨越能力	知识整合		224 家企业	刘鹏程等（2016）
创新绩效	跨界合作行为	外部创新搜寻	战略柔性	365 份问卷	王丽平和陈晴晴 （2016）
创新绩效	高管团队 跨界行为	团队学习	环境不确定性 企业发展阶段	78 个高管团队	张大力和葛玉辉 （2016）
商业模式创新	跨界搜寻		动态能力	119 家企业	周飞和孙锐 （2016）
商业模式创新	跨界搜寻	吸收能力	技术知识和市场 知识跨界搜寻	119 家企业	朱益霞等（2016）
IT 外包绩效	边界跨越	关系规范 技术创新 知识共享		292 名员工	杜荣等（2012）
探索式创新	高层管理者 跨边界行为 中层管理者 跨边界行为	角色冲突		397 份上下级 配对样本	Glaser 等（2015）
团队生存力 团队绩效	跨边界角色/ 自我效能感 团队外部聚焦 角色重载	跨边界行为	对团队外部 焦点的共识	190 名团队成员 和 30 位客户	Marrone 等（2007）
团队成果	项目领导的 个人网络	团队跨边界 行为活动		73 个新产品 开发项目	Brion 等（2012）
团队创新	团队间目标 相互依存 团队功能异质性	跨边界活动		190 份上下级 配对样本	Somech 和 Khalaili （2014）
质量绩效	跨边界行为	团队效能感		161 个研发团队	奉小斌和彭学兵 （2013）
团队创新绩效	团队跨界行为		任务复杂性	161 个研发团队	奉小斌和彭学兵 （2013）
团队创新绩效	团队跨界活动	团队反思	授权领导	111 个研发团队	袁庆宏等（2015）
团队创造力	团队跨界行为	知识交易	不确定性规避	95 个研发团队	徐建中和曲小瑜 （2014）
团队创造力	团队领导跨界行为	知识搜索	知识内隐性	110 个研发团队领导	王艳子等（2017）

续表

结果变量	自变量	中介变量	调节变量	有效样本	研究文献
团队创造力	共享型领导	团队边界跨越 团队边界强化 团队边界缓冲		510 位成员	王亮等（2017）
团队创新	领导跨界行为	团队知识分享	团队沟通	111 个研发团队	宋萌等（2017）

资料来源：根据相关文献整理

研究证实，跨边界行为能显著增强组织创造力、新产品研发速度和服务能力。具体而言，跨边界行为能帮助团队搜寻到其他团队的信息，为新产品建立支持，影响他人的需求。通过跨边界行为，团队之间可以交流想法，讨论不同的观点，整合和评估这些观点，创造高品质的产品或提出创新的程序，进而促进产品创新（Wu J and Wu Z，2014）。而且，团队层次的集体跨边界行为可以促成团队内外部的合作，为团队获得外部资源、支持和指导，从而推动团队内部任务的高效开展（Marrone et al.，2007）。

2）个体层次

根据跨边界行为作用结果的不同，个体层次的研究主要分为两类，一类是针对跨边界行为对于员工创新、认知结构适应及工作满意度等具有积极作用的研究，另一类则关注跨边界行为的消极作用，如角色过载等。个体层次的相关研究结果详见表 10-2。

表 10-2　跨边界行为的个体层次结果变量研究一览表

结果变量	自变量	中介变量	调节变量	有效样本	研究文献
角色重载	跨边界角色 跨边界自我效能感 团队外部聚焦 角色重载	跨边界行为	团队外部聚焦	190 名团队成员 和 30 位客户	Marrone 等 （2007）
自主创新能力	跨界搜寻			376 家高技术企业	陈力田和许庆瑞 （2014）
员工创造力	跨界员工边界 松弛活动 跨界员工边界 紧缩活动	员工感知的角色 过载	共享领导力	205 名员工	樊骅等 （2015）
员工创造力	跨界效能		网络中心度 网络密度 共享领导力	205 名员工	樊骅等 （2015）
任务绩效	员工跨界行为	网络中心性	集体主义氛围	61 个团队领导及 292 名成员	刘松博和李育辉 （2014）

资料来源：根据相关文献整理

由表 10-2 可知，关于跨边界行为研究最多的就是对于创新的积极影响。

Perry-Smith（2006）发现外部关系会激发员工创造力，尤其是处于内部社会网络边缘的成员。外部知识来源于具有不同认知结构的外部相关者，可以大大扩展团队成员的思考方向，激发他们从新的角度来处理问题（刘松博和李育辉，2014）。因此，进行跨边界行为的团队成员受益于外部直接提供的新知识，以及由多元化观点整合而来的创造性知识，可能会更具创新性（Wang et al.，2014b）。此外，团队成员通过跨边界行为，向外部经验丰富的同行学习，能够突破个人视角的局限，更全面地了解整体情况和解决方案，在多变、复杂的情境中快速得出因果推论，提出可行方案。另外，研究还发现，愿意进行跨边界行为的团队成员往往有着较高的自主性和认知。他们跨越组织边界进行知识的交流与获取，增强新思想的流入，从而提高自身在团队中的表现。同时，这种跨越边界获取知识的行为可能使员工在团队中担任更重要的职责，提升了他们的工作满意度和归属感。

但是，也有一些研究发现跨边界行为对创新具有消极作用。例如，Marrone 等（2007）认为，跨边界行为需要团队成员耗费大量时间和精力联结内外部团队或人员，跨越不同的甚至是冲突的子系统进行协调，可能会造成跨边界人员的角色过载。角色过载是指员工在同一时间内要完成多种事务而导致的角色冲突，对员工及团队的创新绩效会产生负面影响。

2. 中介效应研究

以往研究还对跨边界行为影响组织绩效、团队创新、员工创造力等结果变量的过程机制进行了探究。本书主要从知识管理理论、动态能力理论、意义建构与释义理论和社会网络理论四个理论视角，总结归纳知识分享、动态能力、团队反思和网络中心性等变量在跨边界行为作用机制中的中介效应。

1）知识管理理论

知识管理理论认为知识是与创新、绩效等有关的想法、经验、信息、判断等的来源，是企业的核心竞争力（Wang and Noe，2010）。知识管理是一个"输入—过程—产出"（input-process-output，IPO）的过程。宋萌等（2017）基于知识管理的 IPO 框架，揭示了知识分享在领导跨界行为与团队创新之间的中介作用。王艳子等（2017）也从知识管理的视角出发，发现团队领导作为信息的管理者和信息流动的协调者，在跨界互动中会通过知识搜索来提升团队的创造力。

2）动态能力理论

动态能力是指当企业面对不可预料的环境压力时，能够有效地整合、构建和重组内外部资源以适应快速变化环境的能力（Teece，2007）。动态能力具有三个特征：第一，动态能力有别于常规运营能力，属于一种高级能力，是企业的竞争优势所在；第二，动态能力具有企业嵌入性，是企业有目的的意识和努力；第三，动态能力的演化过程是一种动态学习和知识演变的过程。跨边界行为是企业自适应能力的核心，可作为动态能力的引擎，促使企业通过创新去适应市场、技术和竞争的变化。刘力钢和孟伟（2016）认为，在开放式创新背景下，动态能力是促进企业技术创新的重要保证，而跨界搜寻是构建动态能力的有效手段。在跨边界行为与技术创新之间，动态能力起到了有效的中介作用。肖丁丁和朱桂龙（2017）也基于动态能力理论证明组织双元能力的平衡与互动中介了组织跨边界行为与创新绩效、财务绩效的正向关系。

3）意义建构与释义理论

意义建构是识别环境中的重要变化并建构真实性的过程，释义则是对真实性进行重新定义以试图影响他人的过程。意义建构与释义理论有效解释了团队跨边界行为对团队创新的影响机制。具体地，意义建构能够帮助团队成员与外部相关群体对环境进行更加全面的了解，对跨边界活动的程序做更深刻的审查和反省，优化执行计划，有效地应对外部环境。袁庆宏等（2015）以 111 个研发团队为样本，发现团队反思在团队跨边界活动与团队绩效之间发挥了中介作用。

4）社会网络理论

社会网络理论认为，每个组织、群体、个体都嵌入在复杂的社会网络中。在团队中，处于网络中心的团队成员往往会具有更强的动机和责任去努力完成任务、提高绩效（张华磊等，2014）。同时，团队成员通过跨边界行为，与团队外部单位或部门的相关人员广为联结，包括客户、政府人员等，扩大了自身的关系网络（Marrone et al.，2007）。同时，团队成员通过与这些外部关键人员的沟通、交流，彼此之间的关系更加紧密，在网络中心的地位得到提升。刘松博和李育辉（2014）证实了网络中心性在员工跨边界行为与任务绩效关系之间的中介效应，发现跨边界行为有助于提升员工在团队内部网络中心性的地位，进而促进其任务绩效。

3. 调节效应研究

跨边界行为对绩效的作用会受到情境等因素的影响，本书将从制度组织理论和角色理论的角度出发，分别阐述跨界组织制度性、团队外部聚焦和共享领导力等变量对跨边界行为与结果变量之间关系的调节作用。

1）制度组织理论

根据制度组织理论，组织结构的形态是由制度环境的预期和要求所决定的（张华磊等，2014）。在知识越过边界流入和流出时，组织制度的不规范性会产生"搭便车"的现象，大大降低了合作方的积极性。因此，在跨边界行为作用的过程中，构建有效的跨界组织制度非常关键。制度越规范，组织内外部合作方越可能搭建长期、有效的技术平台，也越可能突破企业的陈规、挑战权威，跨边界行为对创新绩效的促进作用也就越显著。俞位增等（2015）证明跨界组织制度性在组织跨边界行为与创新绩效的正向关系中起到了正向调节作用。

2）角色理论

角色理论指出，个体在社会网络中都具有自己固有的角色。社会对每一种角色都有期望和义务要求，进而约束个体的行为。因此，个体通常会表现出与自身角色期望相一致的行为，以获得社会、团队或他人的认可。根据角色理论，跨边界行为的价值共识是团队发布关于跨边界角色的期望时的必要条件。团队中强烈一致的共识会特别激励那些担任跨边界角色的团队成员。并且，团队成员关于跨边界行为重要性达成一致的程度越高，跨边界角色对跨边界行为的积极作用也就越强（Marrone et al.，2007）。此外，樊骅等（2015）基于角色理论，引入共享型领导作为情境因素，探讨其对于跨边界行为与角色过载之间关系的调节作用。共享型领导是指领导权力分散在团队成员中，而非集中在某一个人身上。在此类团队中，承担跨边界角色的成员作为内外部连接的桥梁，承担了更多的外部指导、沟通工作，也将承受更多的角色过载压力。因此，共享型领导会强化跨边界行为对角色过载的影响。

10.4　跨边界行为的研究述评

通过对相关文献的综述，本书发现团队成员的跨边界行为是影响团队创造力的关键因素。但是，对于如何提升团队成员的跨边界行为仍需进一步探究（陈璐和王月梅，2017）。目前，关于跨边界行为的前置因素的研究主要集中于任务、团队等相关的客观因素方面，对于影响跨边界行为的心理和认知因素关注较少。基于此，本书拟探讨变革型领导和观点采择等因素对跨边界行为的影响。

首先，以往研究表明变革型领导对创造力具有显著的影响作用。同时，跨边界行为也是影响创造力的关键因素。徐兵和石冠峰（2014）对变革型领导与团队边界管理之间的关系进行了探究，姚亚男等（2017）也论证了情境因素对跨边界行为的影响作用。本书沿袭这一思路，将变革型领导这一情境因素作为跨边界行为的前置因素，来探讨其对于团队成员跨边界行为的影响。其次，观点采择对于创造力的影响也得到了大量研究的证实（Wang et al.，2016）。因此，本书引入观点采择作为中介变量，探究其在变革型领导与团队成员跨边界行为之间的中介作用。

第11章 变革型领导与知识型团队成员创造力之关系模型与假设

领导行为是激发员工创造力的重要预测因素（陈璐等，2015；雷星晖等，2015；Bai et al.，2016）。在众多的领导行为中，变革型领导是一种新型的领导方式，能有效地促进员工的创造性思维和想法，提升创造力（Golden and Shriner，2017；Qu et al.，2015）。在分析变革型领导与创造力之间的关系时，研究者采用了多个理论视角探究其具体的中介机制。例如，陈晨等（2015）基于内在动机理论，发现变革型领导通过心理授权对下属的创新行为产生正向影响。丁琳（2010）则根据社会资源理论，证明领导-下属关系中介了变革型领导与员工创新绩效之间的正向关系。

然而，大多数研究在探索变革型领导与个体创造力之间的作用机制时，都采用单一或多重中介变量，忽略了多个中介变量之间的因果逻辑关系，缺乏对连续中介机制的讨论。因此，本书基于动机性信息处理理论这一新的理论视角，按照领导—动机—行为—创造力的框架，来揭示变革型领导通过激发下属的亲社会动机，促进其投入观点采择的认知过程，继而通过跨边界行为获取有利于创新的信息和资源，提升创造力的过程。

11.1 动机性信息处理理论

动机性信息处理理论认为，动机是影响团队成员信息处理方式的关键因素之一（De Dreu and Carnevale，2003；De Dreu et al.，2015）。动机可分为认知动机和社会动机。认知动机指人们为全面、准确地了解某一事物而付出努力的意愿程度。认知动机水平高的个体更愿意主动搜索信息，并对信息进行系统评估。社会动机则是指个体对结果分配方式的偏好。根据偏好的不同，社会动机被划分为亲社会动机和利己动机。其中，亲社会动机水平高的个体关注公平和集体成果，更倾向于相信他人是可信赖的，愿意努力实现联合收益的最大化。利己动机水平高的个体则关注个人利益，倾向于隐瞒合作的重要信息，只愿意为实现自身利益而努力。动机性信息处理理论最早出现于谈判领域，如何使得谈判各方的联合收益最大化是谈判领域关注的核心问题。持亲社会动机的谈判者更倾向于采用合作策略，更容易在谈判中做出让步。

近年来，学者们将动机性信息处理理论引入创造力领域中，从动机的角度揭示创造力的影响因素及作用机制。研究者普遍认为，个体的内在动机会促进创造力的提升，但这种观点受到了越来越多的挑战与质疑。动机性信息处理理论则提供了一个新的理论框架，认为亲社会动机通过转换思考视角，提供更具价值的想法，进而促进了创造力的提升（De Dreu et al.，2011）。李阳和白新文（2015a）通过对 315 名制药公司的销售人员进行调查，发现亲社会动机通过灵活性的中介作用对销售人员的创造力产生正向影响。李阳和白新文（2015b）还通过对 80 名大学生进行实验研究，发现内在动机和亲社会动机对创造力的影响存在交互作用，亲社会动机越高，内在动机对创造力的正向影响越显著。Grant 和 Berry（2011）在西方企业组织中的调查研究也发现亲社会动机调节了内在动机与创造力之间的正向关系。此外，江静和杨百寅（2016）基于动机性信息处理理论探讨了"认知能力—认知过程—创造力"的影响机制，发现了任务反思在换位思考与创造力之间的中介作用，以及领导批判性思维对换位思考与任务反思之间关系的正向调节作用。

11.2　理论模型构建

本书基于动机性信息处理理论，按照领导行为—动机—行为—创造力的框架，讨论观点采择、跨边界行为在变革型领导影响团队成员创造力的过程中的连续中介作用。观点采择是指个体对他人观点的理解和采纳的认知过程（Davis et al.，1996），是交往能力的重要组成部分。观点采择能力较高的团队成员能够对不同类型的专业知识产生独特的理解，同时也更容易与外部相关群体建立联系，在获取创新知识和资源方面更加便利，从而有利于自身创造力的提升。根据动机性信息处理理论，团队成员的信息处理方式受到亲社会动机的影响（De Dreu and Carnevale，2003）。本书认为变革型领导能激发团队成员的亲社会动机，提升其观点采择能力，使其更多地参与跨边界行为，最终促进了自身的创造力。

综上所述，本书试图拓展变革型领导和创造力的既有研究成果，基于动机性信息处理理论的视角探索变革型领导影响研发团队成员创造力的中介机制，建立并检验一个链接变革型领导、观点采择、跨边界行为和创造力的连续中介模型。本书的研究重点为：①变革型领导是否通过增强团队成员的观点采择这一认知过程来鼓励其进行跨边界行为？②观点采择是否通过促进跨边界行为来提升创造力？③观点采择和跨边界行为是否在变革型领导与创造力之间发挥了连续中介的作用？

11.3　变革型领导、观点采择与跨边界行为的关系研究

11.3.1　变革型领导与观点采择

变革型领导是一种善于向下属传达高期望、提供个性化发展、描绘具有吸引力的愿景，激励下属超越个人得失，关注组织利益的领导方式（Bass，1990）。变革型领导通常包含理想化影响、鼓舞性激励、个性化关怀和智力启发四个维度（Bass and Avolio，1990）。观点采择是个体在对自己和他人观点加以区分的基础上，能够置身于他人所处情境理解其观点、行为的认知过程，同时也是一种具有亲社会倾向的认知策略（Galinsky et al.，2005）。

动机性信息处理理论认为，员工进行信息选择、编码、保留和整合的过程是由社会动机所驱动的（De Dreu and Carnevale，2003；De Dreu et al.，2015）。社会动机是指个体对结果分配的偏好，可以是利己的（关注自身利益和结果），也可以是亲社会的（关注公平和集体结果）（De Dreu and Beersma，2010）。持亲社会动机的个体更加关注他人的目标和偏好，愿意倾听他人的观点并观察其行为，以了解他人的需求并提供有效的帮助（Grant and Berry，2011）。以往研究表明，持亲社会动机的个人更倾向于采纳他人的观点，包括同事、主管、供应商和客户等。而变革型领导作为重要的情境因素之一，会对个体的亲社会动机产生积极的影响（Chen et al.，2011）。首先，通过理想化影响，变革型领导在工作中往往舍弃自身利益，站在团队的角度思考问题，为团队成员树立亲社会的典范，激发成员的亲社会动机。其次，通过鼓舞性激励，变革型领导向团队成员描绘更高的目标和极具感染力的发展愿景，鼓励其超越自身利益实现团队利益，也会提高团队成员的亲社会动机。再次，通过个性化关怀，变革型领导关注团队成员的个性化需求和个人发展，向其提供针对性的指导和帮助（Zhang et al.，2011），增加了团队成员的团队归属感，激发其为实现组织利益而努力工作的动机和决心（段锦云和黄彩云，2014）。最后，通过智力启发，变革型领导鼓励团队成员摆脱固有的思维模

式（陈璐和王月梅，2017），尝试对他人观点进行理解，采取探索性和开放式的思维方式进行观点采择。因此，变革型领导可以较好地激发团队成员的观点采择行为。据此，本书提出以下假设：

假设 11-1：变革型领导与观点采择正相关。

11.3.2　观点采择与跨边界行为

跨边界行为是指团队成员利用自己的社会网络，与外部相关者进行互动，以获取有利于团队的信息，进而帮助团队实现总体绩效目标的行为（Marrone et al.，2007）。研究表明，个体的认知特质可以影响人际关系或网络的形成，进而对跨边界行为产生影响（Galinsky et al.，2005）。因此，观点采择作为一种认知过程，可以有效预测团队成员的跨边界行为。首先，在跨边界行为过程中，观点采择能力较强的团队成员可以有效改善自己的情绪，提高情绪敏感度，对外部群体进行积极评价，降低人际攻击倾向，减少人际冲突的产生，进而提高双方的沟通满意度，使得团队成员能更为便利地获取外部信息和资源，有利于自身开展跨边界行为。其次，观点采择能力较强的团队成员具有明确的认知动机，在接受他人观点时可以有效减少刻板印象与偏见认知（Galinsky et al.，2008），提高信息分享行为及交流有效性（Hoever et al.，2012），从而促进了自身的跨边界行为。最后，观点采择能力较强的团队成员更乐于关心和帮助他人，更可能与外部群体进行合作和建立稳固的关系，从而获得大量有利的信息和资源。据此，本书提出如下假设：

假设 11-2：观点采择与跨边界行为正相关。

11.3.3　观点采择的中介作用

根据假设 11-1 和假设 11-2，本书认为变革型领导通过提升团队成员的观点采择能力来促进其跨边界行为。跨边界行为的实质是促进信息在组织内外部的流通（杜晓君等，2015）。知识整合作为跨边界行为的关键环节，并非只是将信息和资源进行简单的组合与共享，而是将来自不同思想世界的个体聚集在一起，使大家明确传达自己的知识和见解，并与他人进行交流的过程。在这个交流过程中，采纳他人观点的能力成为关键。观点采择较高的团队成员具有更高的信息获取动机，对他人观点的理解程度更高，提高了交流顺畅程度及获得信息的数量（Grant and Berry，2011），故而也更可能产生跨边界行为。

根据动机性信息处理理论，观点采择受到亲社会动机的影响（Grant and Berry，2011），而变革型领导行为会对亲社会动机产生积极影响。首先，通过鼓舞性激励，变革型领导鼓励团队成员站在团队的角度思考问题，对有利于团队发展的观点和行为进行深度理解；其次，通过理想化影响，变革型领导为团队成员树立亲社会的典范；再次，通过个性化关怀，变革型领导认真倾听团队成员的成长诉求，密切关注团队成员的个性化发展；最后，通过智力启发，变革型领导还能鼓励团队成员摒弃传统的交流方式，尝试站在他人角度思考问题（Jiang et al., 2015）。综上，变革型领导行为能成功激发团队成员的亲社会动机，提高他们的观点采择能力。观点采择能力强的团队成员更有信心、意愿和能力与团队外部相关群体建立关系，为跨边界行为奠定基础。据此，本书提出假设：

假设 11-3：观点采择在变革型领导与跨边界行为之间起到中介作用。

11.4　观点采择、跨边界行为与创造力

11.4.1　跨边界行为与创造力

在研发团队中，为了提升团队成员的创造力，促使他们产生新颖、有价值的想法，需要以创新的方式融合不同方面的知识。在当前的商业环境中，知识分布广泛，来自其他外部关系的知识往往被认为是创新的和鼓舞人心的，是个人宝贵资源的一部分。如果能有效地整合、集成外部知识，就能提高个人的创造力（Mitchell，2006）。因此，团队成员的跨边界行为显得尤为重要。首先，跨边界行为可帮助团队成员识别环境中的新技术知识和市场解决方案，更容易获得满足客户新需求的机会，促发自身的创造力（Chiang and Hung, 2010）。其次，跨边界行为在团队成员与外部群体之间提供了更为紧密的耦合，促进了内外部之间复杂知识的有效转移，增强个人技能（Kim et al., 2018），进而提升成员的创造力。最后，愿意从事跨边界行为的团队成员具有较高的工作动机（姚亚男等，2017），故而会展现较高的个人创造力。樊骅等（2015）通过对 205 名员工进行调查研究发现，员工的跨边界活动对创造力具有积极的影响。据此，本书提出假设：

假设 11-4：跨边界行为与创造力正相关。

11.4.2　跨边界行为的中介作用

观点采择如何通过跨边界行为促进创造力？研发团队属于知识密集型团队，团队的竞争优势和产品成功是成员之间协作的结果。在这个协作的过程中，每位成员都能够通过观点采择来欣赏，以及协同地利用他人所拥有的独特知识。团队

知识库的产生得益于知识交换、评估和整合过程的出现，是在个人相互作用下产生的（Brix，2019）。换言之，知识密集型团队的知识整合不是一个简单的知识汇总、共享、使用的过程，而是一个相互之间进行观点采择的过程（Grant and Berry，2011）。在这个过程中，个人的独特知识与团队内外其他人的知识进行了交换、评估和整合。具有较高的观点采择能力的团队成员能够将自己置于他人位置之上，对他人观点进行更加准确的理解，从而增加对外部群体的认同与理解。他们更愿意通过跨边界行为与外部群体进行情感关系搭建，促进外部信息的获取、选择、加工和整合。因此，跨边界行为使得团队成员获得更多的机会进行知识转移，将外部创意整合投入个人创新过程中（Andersen et al.，2013），最终促进自身创造力的提升。综上所述，观点采择能力较强的团队成员更容易通过跨边界行为促进个体创造力的提升。据此，本书提出如下假设：

假设 11-5：跨边界行为在观点采择与创造力之间起到中介作用。

11.5　观点采择与跨边界行为的连续中介作用

综合以上论述，本书认为观点采择和跨边界行为在变革型领导影响团队成员创造力的过程中发挥了连续中介作用。通过鼓舞性激励，变革型领导鼓励团队成员将精力集中在团队发展的长远目标上，为了实现团队利益而努力进取；通过理想化影响，变革型领导在工作中广泛听取他人意见，为团队成员树立积极典范，使他们在与他人沟通过程中有样可依；通过个性化关怀，变革型领导对团队成员进行针对性关注和辅导，增强了他们的认可程度和团队归属感；通过智力启发，变革型领导鼓励团队成员勇于打破思想桎梏，拓展思维边界（陈璐和王月梅，2017）。通过这一系列亲社会行为，变革型领导激发了团队成员的亲社会动机，提升了他们的观点采择能力。随着观点采择能力的提升，团队成员更容易与外部相关群体建立广泛关系，交流过程也更加便利，进而促进了他们的跨边界行为。通过跨边界行为，团队成员可以获得更多与创新相关的知识和资源，最终促进了创造力的提升。因此，本书提出了变革型领导→观点采择→跨边界行为→团队成员创造力这一连续中介机制，假设如下：

假设 11-6：观点采择与跨边界行为在变革型领导与团队成员创造力之间起到了连续中介作用。

第12章 变革型领导与知识型团队成员创造力关系的调查研究结果

12.1 研究方法

12.1.1 研究样本和数据收集过程

本书的研究对象为研发团队的成员及其直接主管。为了减少同源偏差，本书采用领导-员工的匹配样本，确保每个研发团队有 1 名主管和 2 名以上的成员参加调查。本书的数据来源于西南地区四家企业的研究院的研发人员及其直接主管。这四家企业的研究院主要从事石油、化工、钢铁、煤田测绘等行业，其研发人员的主要职责为新产品开发和生产流程、工艺改进，有必要产生新颖、有用的创意。

在企业人力资源部门的协助下，研究人员与调研对象进行交流，向其说明此次研究的目的、保密性及问卷填写方法等之后，调研对象当场完成问卷的填答工作并交予研究人员。共进行了两次问卷调查。为避免同源偏差，每次调查均分为两个时间点，时间间隔均为三个月。时间点 1 的问卷主要针对下属，包括对主管的变革型领导行为感知、下属的观点采择及其性别、年龄、学历及与上级相处的年限等；时间点 2 的问卷则包括下属和领导两部分，下属主要评价自身的跨边界行为，领导则对下属的创造力进行评价，并提供自身的性别、年龄、学历等人口统计变量。

在时间点 1，研究者对来自四家企业的 600 名随机抽取的研发团队成员进行了问卷调查。共回收 528 名成员的问卷，回收率为 88%。三个月之后，研究者对在时间点 1 返回问卷的 528 名成员及 186 名对应的领导进行了第二次问卷调查。由于部分被试离职或不在岗，实际向 469 名成员和 178 名对应的领导发放问卷。

此次调查共有 412 名成员和 165 名领导返回了问卷，成员和领导的问卷回收率分别为 87.85%和 92.70%。研究者对两个时间点的问卷进行了匹配，共得到 398 份成员和 159 份领导的有效问卷，形成 398 份上级与下属匹配的样本。

12.1.2　样本的基本信息

本书对回收到的样本进行统计，统计结果如表 12-1 所示。在领导样本中，男性占 79.75%，平均年龄为 37.06 岁（SD = 6.12），学历以本科为主（50%）。在团队成员样本中，男性占 51.75%，平均年龄为 30.31 岁（SD = 6.25），学历以本科为主（52%）。上下级的平均相处年限为 3.39（SD = 2.69）。

表 12-1　样本基本信息描述

领导属性	类别	比例	成员属性	类别	比例
年龄	30 岁及以下	14.00%	年龄	30 岁及以下	61.75%
	31~40 岁	62.50%		31~40 岁	31.00%
	41~50 岁	19.00%		41~50 岁	6.00%
	50 岁以上	4.50%		50 岁以上	1.25%
性别	男性	79.75%	性别	男性	51.75%
	女性	20.25%		女性	48.25%
学历	研究生及以上	35.75%	学历	研究生及以上	31.50%
	本科	50.00%		本科	52.00%
	专科	13.50%		专科	14.50%
	高中/中专/职专	0.75%		高中/中专/职专	2.00%

12.1.3　问卷设计

本书所使用的问卷编制过程如下：首先，根据各变量的相关理论，选取具有较高效度和信度的成熟量表；其次，对选取的国外成熟量表进行翻译—回译—翻译过程，并在此过程中不断修正。最后，邀请导师和多名管理学专业或英语语言文学专业的本科、硕士和博士研究生组成研讨会，对生僻、拗口或容易引起歧义的词汇等进行了修改，形成最终问卷。正式问卷共包括变革型领导、观点采择、跨边界行为和创造力四个主要研究变量。问卷采用自我报告的方式，为减少同源偏差，一方面，保证调研的匿名性；另一方面，分两个时间点对两类调研对象进行调研。

12.1.4　测量工具

调查问卷包括变革型领导、观点采择、跨边界行为及创造力等变量的测量量表。量表均采用利克特 6 点计分法，1 表示"非常不同意"，6 表示"非常同意"。

1. 变革型领导

本书使用 Bass 和 Avolio（1997）开发的变革型领导量表，包括理想化影响、鼓舞性激励、智力启发和个性化关怀四个维度，共 16 个题项。其中，理想化影响维度共 4 个题项，样本题项包括"强调集体使命感的重要性"、"谈论他认为重要的信念与价值观"、"强调在工作中设立目标是非常重要的"和"会考虑决策时所引发的各种伦理道德或社会影响问题"。鼓舞性激励维度共 4 个题项，样本题项包括"乐观地谈论未来"、"清楚地表示对我们公司/单位未来的展望与远景"、"对于达成目标很有信心"和"热衷于谈论什么工作需要完成"。智力启发维度共 4 个题项，样本题项包括"反复预测和分析各种可能发生的关键问题，思考恰当的解决方法"、"当解决问题时，会寻求不同的想法与观点"、"让我从不同角度看待问题"和"向我提供新的工作方法，并建议我如何完成工作"。个性化关怀维度共 4 个题项，样本题项包括"帮助我发挥我的长处"、"把我当作独立的个体，而不是只把我当作团体中的一员"、"考虑到我有不同于他人的需求、能力与抱负"和"不惜花费时间传授工作经验，并指导我们完成工作"。

验证性因子分析的结果显示，变革型领导的一阶单因子模型具有良好的结构效度（$\chi^2 = 675.97$，df = 351，$\chi^2/df = 1.93$，RMSEA = 0.05，CFI = 0.94，IFI = 0.94，TLI = 0.93，SRMR = 0.05），优于四因子模型。因此，本书以单因子模型作为变革型领导的测量模型进行后续分析。

2. 观点采择

本书使用 Davis 等（1996）开发的观点采择量表，共 4 个题项。样本题项分别为"工作中，我常常试着从他人的角度来看问题"、"在工作中，我经常揣摩别人的感受如何"、"在工作中，我花心思试着从他人的眼中看世界"及"在工作中，我通常去寻求理解他人的观点"。

3. 跨边界行为

本书采用 Marrone 等（2007）编制的量表，共 4 个题项。样本题项分别为"我劝说外界支持团队的决策"，"我寻找能为团队提供创意的外部人士"，"我拒绝来自外界的过多要求"和"我主动寻求领导的意见和支持"。

4. 创造力

本书采用 Farmer 等（2003）编制的创造力量表，共 4 个题项。样本题项分别为"该下属能将创新性想法付诸实施"，"该下属在工作领域中能产生独创性的想法"，"该下属能寻求采用新的想法和办法解决问题"和"该下属能率先尝试新的想法和方法"。

5. 控制变量

根据以往研究（刘松博和李育辉，2014；张华磊等，2014），本书将领导的性别、年龄、学历和团队成员的性别、年龄、学历，以及上下级相处年限作为控制变量。其中，性别为虚拟变量，女性为"0"，男性为"1"，年龄为实际年数，学历分为高中/中专/职专、专科、本科、硕士研究生及以上 4 个等级，上下级相处年限为实际年数。均由被试自行填写。

12.2　实证分析方法及结果

本书将综合运用 SPSS 20.0、AMOS 18.0 和 Mplus 7.0 统计分析软件进行数据分析与假设验证，主要过程如下：

（1）信度与效度分析：采用 SPSS 20.0 对所有量表进行信度分析，并采用 AMOS 18.0 对问卷中各变量的区分效度进行验证性因子分析；

（2）描述性统计与相关性分析：采用 SPSS 20.0 对所有变量进行描述性统计与相关性分析；

（3）假设检验：采用 Mplus 7.0 对研究假设进行结构方程检验。

12.2.1　信度与效度分析结果

1. 信度分析结果

本书全部量表均来源于国外的成熟量表，又经过同行专家的严格审查和反复评价，最终得出一致性意见，因此其内容效度得到检验。接下来，本书采用 Cronbach's α 系数对量表进行信度评价。在一般研究中，量表信度要求 Cronbach's α 系数达到 0.70 以上（陈晓萍，2012）。根据表 12-2 可知，变革型领导量表的 Cronbach's α 系数为 0.90；观点采择量表的 Cronbach's α 系数为 0.73；跨边界行为量表的 Cronbach's α 系数为 0.84；创造力量表的 Cronbach's α

系数为 0.92。从以上结果可以看出，四个量表的内部一致性系数均大于 0.70，说明本书中所有量表均具有良好的信度。

表 12-2　问卷的信度分析结果

量表	Cronbach's α 系数
变革型领导	0.90
观点采择	0.73
跨边界行为	0.84
创造力	0.92

2. 效度分析结果

本书对问卷中各变量的区分效度进行检验。除假设的基准模型 M_0 外，还引入了 M_1、M_2 和 M_3 三个备选模型，分别为：基准模型 M_0，即四因子模型（变革型领导、观点采择、跨边界行为、创造力）；备选模型 M_1，即三因子模型（变革型领导+观点采择、跨边界行为、创造力）；备选模型 M_2，即两因子模型（变革型领导+观点采择+跨边界行为、创造力）；备选模型 M_3，即单因子模型（变革型领导+观点采择+跨边界行为+创造力）。

基准模型与三个备选模型的拟合结果如表 12-3 所示。基准模型的拟合度要好于三个备选模型。其中，M_0 中 χ^2 为 767.66，df 为 335，χ^2/df 为 2.29（小于 2.50），RMSEA 为 0.06（小于 0.08），SRMR 为 0.05（小于 0.06），CFI 为 0.92，TLI 为 0.91，IFI 为 0.92（大于 0.90），各项指标都优于备选模型。因此，本书中变量的区分效度得到验证。

表 12-3　验证性因子分析结果

模型	χ^2	df	χ^2/df	RMSEA	SRMR	CFI	TLI	IFI
基准模型 M_0 TFL，PT，BS，CRE	767.66	335	2.29	0.06	0.05	0.92	0.91	0.92
备选模型 M_1 TFL+PT，BS，CRE	878.75	338	2.60	0.06	0.06	0.90	0.88	0.90
备选模型 M_2 TFL+PT+BS，CRE	1 169.89	340	3.44	0.08	0.08	0.84	0.82	0.84
备选模型 M_3 TFL+PT+BS+CRE	1 763.65	341	5.17	0.10	0.11	0.73	0.70	0.73

注：N=398；+代表两个因子合成一个变量

12.2.2　描述性统计和相关性分析结果

根据以往经验，本书选取领导的性别、年龄、学历，团队成员的性别、年龄、学历等人口统计变量，以及上下级相处年限作为控制变量，并对各变量进行了描述性统计和相关性分析，结果如表 12-4 所示。变革型领导与观点采择（$r = 0.19$，$p < 0.01$）、跨边界行为（$r = 0.32$，$p < 0.01$）、创造力（$r = 0.20$，$p < 0.01$）等变量均为显著正相关关系。观点采择与跨边界行为（$r = 0.30$，$p < 0.01$）、创造力（$r = 0.05$，$p < 0.05$）也呈现显著的正相关关系。跨边界行为与创造力呈正相关（$r = 0.17$，$p < 0.01$）。相关性分析结果为接下来的假设验证奠定了基础。

表 12-4　均值、标准差和相关性矩阵

变量	均值	标准差	领导年龄	领导性别	领导学历	成员年龄	成员性别	成员学历	上下级相处年限	变革型领导	观点采择	跨边界行为	创造力
领导年龄	37.06	6.13											
领导性别	0.79	0.40	0.13*										
领导学历	3.24	0.70	-0.22**	0.11*									
成员年龄	30.34	6.25	0.34**	-0.01	-0.06								
成员性别	0.52	0.50	0.02	0.11*	0.11*	0.13*							
成员学历	3.13	0.73	-0.13**	0.09	0.42*	-0.26**	0.19**						
上下级相处年限	3.40	2.69	0.32**	-0.10	-0.20**	0.57**	-0.03	-0.27**					
变革型领导	4.62	0.64	-0.01	-0.01	0.03	-0.02	-0.04	-0.04	-0.09	(0.90)			
观点采择	4.55	0.53	0.00	-0.02	0.08	-0.06	0.02	0.05	-0.02	0.19**	(0.73)		
跨边界行为	4.47	0.76	0.09	0.07	0.00	0.06	0.06	-0.10	0.09	0.32**	0.30**	(0.84)	
创造力	4.57	0.93	0.07	0.09	0.11*	0.06	0.12*	0.09	0.06	0.20**	0.05*	0.17**	(0.92)

*$p<0.05$；**$p<0.01$

注：$N=398$，对角线括号内为各变量的信度系数

12.2.3　假设检验结果

本书运用 Mplus 7.0 软件通过结构方程模型的方法来验证假设。按照 Anderson 和 Gerbing（1988）的建议，本书分为模型比较和假设验证两个步骤进行检验。首先，以假设模型为基准模型（M_0），该模型反映了变革型领导到观点采择的直接路径、观点采择到跨边界行为的直接路径、跨边界行为到创造力的直接路径，变

革型领导通过观点采择影响跨边界行为的间接路径、观点采择通过跨边界行为影响创造力的间接路径，以及变革型领导通过观点采择、跨边界行为影响创造力的间接路径。接下来，本书设立了三个竞争性模型（M_1、M_2、M_3）。M_1 在 M_0 的基础上添加了变革型领导到跨边界行为的直接路径和变革型领导通过跨边界行为影响创造力的间接路径。M_2 在 M_0 的基础上添加了观点采择到创造力的直接路径和变革型领导通过观点采择影响创造力的间接路径。M_3 则是 M_1 和 M_2 的融合，即在 M_0 的基础上添加变革型领导到跨边界行为和观点采择到创造力这两条直接路径，以及变革型领导分别通过跨边界行为、观点采择的中介影响创造力这两条间接路径。M_0、M_1、M_2、M_3 的关系设定方法和拟合系数如表 12-5 所示。基准模型 M_0 的拟合指数通过了检验（$\chi^2 = 971.33$, df = 508, CFI = 0.91, TLI = 0.90, RMSEA = 0.05, SRMR = 0.06）。经过比较，M_0、M_1、M_2、M_3 的拟合指数差别不大。基于模型的简约原则，本书选择 M_0 作为最终的解释模型。

表 12-5　基于潜变量建模的结果

模型	路径	χ^2	df	CFI	TLI	RMSEA	SRMR
M_0	TFL→PT PT→BS BS→CT TFL→PT→BS PT→BS→CT TFL→PT→BS→CT	971.33	508	0.91	0.90	0.05	0.06
M_1	TFL→PT、BS PT→BS BS→CT TFL→PT→BS PT→BS→CT TFL→BS→CT TFL→PT→BS→CT	951.04	507	0.92	0.91	0.05	0.06
M_2	TFL→PT PT→BS、CT BS→CT TFL→PT→BS PT→BS→CT TFL→PT→CT TFL→PT→BS→CT	971.03	507	0.91	0.90	0.05	0.06
M_3	TFL→PT、BS PT→BS、CT BS→CT TFL→PT→BS PT→BS→CT TFL→BS→CT TFL→PT→CT TFL→PT→BS→CT	952.11	506	0.92	0.91	0.05	0.06

注：$N=398$

假设验证结果如表 12-6 所示，在控制了领导的年龄、性别、学历，下属的年龄、性别、学历，以及上下级相处年限之后，所有的假设路径均为显著。变革型领导对成员的观点采择产生正向影响（$\beta = 0.15$，$p < 0.01$），成员的观点采择显著

促进了其跨边界行为（$\beta = 0.58$，$p < 0.001$），同时，变革型领导通过成员观点采择对成员跨边界行为产生正向影响（$\beta = 0.08$，$p < 0.01$）。此外，跨边界行为对成员创造力起到正向的促进作用（$\beta = 0.24$，$p < 0.01$），成员观点采择通过跨边界行为对创造力产生影响（$\beta = 0.14$，$p < 0.01$）。变革型领导通过成员观点采择和跨边界行为的连续中介作用对成员创造力产生显著的促进作用（$\beta = 0.02$，$p < 0.05$）。因此结果支持了假设 11-1~假设 11-6。

表 12-6　非标准化路径系数及间接效应检验结果

基准模型 M_0	路径系数/拟合系数	竞争模型 M_1	路径系数/拟合系数	竞争模型 M_2	路径系数/拟合系数	竞争模型 M_3	路径系数/拟合系数
直接效应							
TFL→PT	0.15**	TFL→PT	0.15***	TFL→PT	0.14**	TFL→PT	0.15**
PT→BS	0.58***	PT→BS	0.61***	PT→BS	0.59***	PT→BS	0.40***
BS→CT	0.24**	BS→CT	0.24**	BS→CT	0.26**	BS→CT	0.26**
		TFL→BS	0.31***	PT→CT	−0.09	TFL→BS	0.34***
						PT→CT	−0.09
间接效应							
TFL→PT→BS	0.08**	TFL→PT→BS	0.09**	TFL→PT→BS	0.08**	TFL→PT→BS	0.06**
PT→BS→CT	0.14**	PT→BS→CT	0.14**	PT→BS→CT	0.15*	PT→BS→CT	0.11**
TFL→PT→BS→CT	0.02*	TFL→PT→BS→CT	0.07**	TFL→PT→CT	−0.01	TFL→PT→CT	−0.01
		TFL→PT→BS→CT	0.02*	TFL→PT→BS→CT	0.02*	TFL→BS→CT	0.09**
						TFL→PT→BS→CT	0.02*

*$p<0.05$；**$p<0.01$；***$p<0.001$

注：$N=398$

12.3　研究结果讨论

变革型领导是影响个体创造力的重要情境因素之一。本书将变革型领导作为自变量，以观点采择与跨边界行为作为连续中介变量，目的在于探讨团队成员在创造力产生过程中，变革型领导行为、观点采择、跨边界行为与团队成员创造力之间的相互作用机制。通过西南地区四家企业的研发团队的问卷调查数据对假设进行了验证，得出如下结论：变革型领导对团队成员的观点采择具有积极的预测作用；团队成员的观点采择对其跨边界行为具有积极的预测作用；观点采择在变革型领导与跨边界行为之间起到中介作用；团队成员的跨边界行为对其创造力具有积极的预测作用；跨边界行为在观点采择与创造力之间起到中介作用；观点采择和跨边界行为在变革型领导与创造力之间起到连续中介作用。以下将围绕研究结果展开讨论。

12.3.1　变革型领导、观点采择与跨边界行为之间的关系

本书的研究假设 11-1、假设 11-2、假设 11-3 均得到支持，说明变革型领导与团队成员的观点采择正相关，团队成员观点采择与跨边界行为正相关，同时变革型领导通过团队成员观点采择对跨边界行为产生影响。首先，以往研究表明领导作为重要的情境因素之一，会对观点采择产生重要影响。例如，Wang 等（2016）发现领导谦卑对员工的观点采择具有积极的预测作用。本书发现变革型领导鼓励团队成员站在他人角度思考问题，认真倾听他们的个性化需求，为他们树立了良好典范，激发了他们的亲社会动机（Wang and Rode，2010）。动机性信息处理理论认为个体亲社会动机会对信息的选择、编码、保留和整合产生积极的影响。在亲社会动机的驱动下，员工会提高观点采择的能力（Grant and Berry，2011）。其次，本书还发现个体的观点采择能力能够促进其跨边界行为。观点采择作为一种认知过程，可以帮助团队成员管理情绪，减少人际冲突，提高人际交流满意度，促进合作导向行为（Li and Liao，2017）。跨边界行为属于合作导向的行为，有利于团队成员合作网络的建立。最后，本书还发现观点采择在变革型领导与团队成员跨边界行为之间发挥了中介的作用。在变革型领导的影响下，团队成员会表现出更强的亲社会动机和观点采择能力，更愿意设身处地地站在他人角度思考问题，对来自团队外部群体的信息和知识保持开放、接受的态度，更愿意跨越团队的边界和相关群体、个人建立联络。

12.3.2　观点采择、跨边界行为与创造力之间的关系

本书的假设 11-4 和假设 11-5 得到了支持，说明团队成员的观点采择能力可以促进跨边界行为，进而对其创造力产生积极影响。首先，与以往研究的结论一致（樊骅等，2015；樊骅等，2016；王丽平和陈晴晴，2016），本书发现跨边界行为可以帮助团队成员克服团队惯性，打破团队壁垒（Wu and Wu，2014），与外部相关群体进行交流互动，广泛收集知识和资源，应用于团队的创新任务中，提升自身的创造力。其次，以往研究发现观点采择对创造力具有积极的影响（Li and Liao，2017；Wang et al.，2016），但是对于观点采择通过什么机制促进创造力，仍然缺乏研究。本书发现，观点采择能力较强的团队成员会对他人表现出更多的理解并进行积极评价，促进双方沟通的有效性，表现出更多的跨边界行为，进而提升自身的创造力。

12.3.3　观点采择、跨边界行为在变革型领导与创造力之间的连续中介作用

本书的假设 11-6 也得到了支持，说明观点采择和跨边界行为在变革型领导与团队成员创造力之间发挥了连续中介的作用，从而打开了变革型领导与创造力之间的"黑箱"。具体而言，变革型领导通过鼓舞性激励、理想化影响、智力启发和个性化关怀等行为激发了团队成员的亲社会动机，使其表现出较强的观点采择能力。观点采择能力较强的团队成员在与外部相关群体进行沟通时，更能够感同身受，站在他们的角度思考问题，进而拉近了彼此之间的关系，促进了自身跨边界行为的产生。团队成员跨边界行为的产生丰富了自身的知识储备，为工作中的难题带来了新的解决方案，进而提升了自身创造力。因此，变革型领导通过提升团队成员的观点采择能力，激发其跨边界行为，最终促使团队成员产生更多的创意。

第13章 参与式领导、变革型领导与知识型团队成员创造力关系的研究启示

13.1 理　论　贡　献

本书的理论贡献主要体现在以下四个方面。

1. 以中国企业的研发团队为对象，丰富了有关创新型领导的实证研究

本书的两项研究聚焦于研发团队，有针对性地探讨了参与式领导、变革型领导这两种发轫于西方组织情境的领导方式对知识型员工创造力的影响效应及作用机制，为参与式领导、变革型领导是创新型的领导方式这一观点增加了有力的实证证据。知识型员工具有较高的个人素质，工作具有较强的自主性，从事着高价值的创造性劳动，劳动过程难以监控，劳动成果难以衡量，表现出强烈的自我价值实现愿望。在参与式领导与创造力的研究中，本书发现参与式领导积极为下属提供资源和帮助，乐于听取下属的意见和建议，与下属分享决策权。这种支持型的领导方式迎合了知识型员工追求平等、期望获得组织尊重、参与团队决策和管理的特点。参与式领导可以对员工的心理和行为产生积极的影响，进而激发员工的创造力。在变革型领导与创造力的研究中，本书发现变革型领导向下属描述美好的愿景，展现自身的领导魅力，进行智识启发和个性化关怀。在知识型团队中，这种领导方式能够激发下属的亲社会动机，促使他们主动进行观点采择和信息搜索，充分利用创造性信息，进而提升下属的创造力。因此，本书发现参与式领导和变革型领导在中国企业的知识型团队中仍然有效，而且对于员工创新能力和绩效具有积极的影响，是值得推广的创新型领导行为。

2. 拓展了领导行为对创造力的影响机制研究

本书的两项研究从不同的理论视角，分别对参与式领导、变革型领导影响研发团队成员创造力的机制进行了拓展。在参与式领导与创造力的研究中，本书从社会交换理论和创造力成分模型相融合的视角，讨论了参与式领导影响创造力的连续中介机制。以往研究或从社会交换理论的视角，探讨了情感信任（Newman et al.，2016）、心理安全感等（韩翼和杨百寅，2011；郝萌和程志超，2015；雷星晖等，2015；古银华，2016）、领导-成员交换关系（韩翼和杨百寅，2011；许彦妮等，2014）等人际关系相关变量的中介作用，或从创造力成分模型的视角，揭示了内在动机（郭一蓉等，2016）、创新自我效能感（雷星晖等，2015；王永跃等，2015）、创造性过程投入（Zhang et al.，2010）等创造力成分变量的中介作用。社会交换理论强调基于人际关系的社会交换机制，创造力成分模型则注重分析更为微观的认知机制。但是，单一理论视角难以为参与式领导影响创造力的复杂过程提供全面的解释。本书的研究结合了两种视角的优势，提出并验证了以心理状态、认知过程为连续中介变量的参与式领导作用机制。这一新的解释机制考虑了工作情境中人际关系、个体认知等多方面因素，更全面、更综合地揭示了参与式领导影响员工创造力的具体过程。

在变革型领导与创造力的研究中，本书基于动机性信息处理理论，考察了观点采择与跨边界行为在变革型领导与团队成员创造力之间的连续中介作用。以往研究主要从社会认同理论、社会交换理论、自我决定理论三个理论视角剖析了变革型领导实施影响的作用机理，考察了组织认同（Tse and Chiu，2014；Jiang et al.，2015；Ng，2017）、领导认同、组织信任、心理授权（Ng，2017）、领导-成员交换及内在动机（郭桂梅和段兴民，2008；段锦云和黄彩云，2014）等变量的中介作用。社会认同理论强调员工自我概念建构与社会归类机制，社会交换理论强调上下级之间的社会交换机制，而自我决定理论则注重员工的内部需求驱动机制。本书的研究引入了动机性信息处理理论，考察了认知模式、信息搜索行为为连续中介变量的变革型领导作用机制。这一新的机制考虑了动机的另一个侧面，从亲社会动机—认知—行为的视角揭示了变革型领导作用于创造力的复杂机制。

3. 采用纵贯研究的设计，揭示了多个中介变量之间的因果关系

本书采用纵贯研究的设计，发现了参与式领导、变革型领导影响创造力的过程中心理认知及行为变量的连续中介作用，解释了这些变量之间的因果逻辑关系。在参与式领导与创造力的研究中，本书以西南地区五家企业的研发技术部门人员为调查对象，分两个时间点收集了 526 份上下级配对的有效样本，对以心理安全感和创造性过程投入为中介变量的模型进行了分析和检验。研究结论揭示了参与

式领导与员工创造力之间社会交换过程与创造性认知过程的因果关系。即参与式领导促进上下级之间形成积极的社会交换关系，而这种社会关系则进一步驱动员工投入创造性过程之中，进而提高创造力。这种因果关系说明在领导等组织情境因素影响创造力的过程中，人际关系等社会因素往往是决定个体认知因素能否发挥作用的先行条件。

在变革型领导与创造力的研究中，本书以西南地区四家企业的研究院的知识型员工及其直接领导为调查对象，分两个时间点收集了 398 份上下级配对的有效样本，对以观点采择和跨边界行为为中介变量的模型进行了分析和检验。研究结论揭示了在亲社会动机驱动下，变革型领导与创造力之间创造性信息认知模式和获取行为之间的因果关系。即变革型领导激发下属的亲社会动机，驱使下属会表现出较强的观点采择能力，而观点采择则进一步促使下属主动跨越边界，获取信息来提高创造力。这种因果关系说明变革型领导影响创造力的过程是通过认知到行为的。

4. 拓展了中国情境下有关心理安全感、创造性过程投入的研究

在参与式领导与创造力的研究中，本书通过探讨心理安全感在参与式领导与创造性过程投入之间的中介效应，加深了我们对参与式领导的心理作用机制的理解。目前大多数研究聚焦于参与式领导对心理授权的作用（Huang，2012；李绍龙等，2015），参与式领导与心理安全感关系的研究成果并不多见。然而，中国社会权力距离高所形成的固有权力分配意识使管理者容易忽视、怀疑和抵触授权，员工也很难真正践行授权，因此在中国背景下研究心理授权有一定的局限性（江新会等，2016）。与之相反，在等级化的组织结构中，员工对于上下级关系中的风险性更为敏感，心理安全感是反映上下级关系质量的一个核心指标。以往研究证明积极的领导行为能显著提升心理安全感（段锦云等，2015；冯永春和周光，2015；Zhou and Pan，2015），而心理安全感是决定员工工作投入度的关键因素（Kark and Carmeli，2009；Zhang et al.，2010；Zhou and Pan，2015）。本书的结果在参与式领导与心理安全感之间建立了有效连接，并揭示了心理安全感在上下级社会交换过程中的重要性，是滋养员工积极投入创造性活动的内在心理营养要素。

在参与式领导与创造力的研究中，本书的另一个贡献在于响应了 Shalley 和 Gilson（2004）关于加强创造性过程投入的研究，以心理安全感为前置变量，证实了其通过创造性过程投入的中介路径对创造力产生影响。这一结论从认知过程的视角，拓展了以往关于批判性反思、变革型领导、授权型领导、人格特征等因素对创造性过程投入及创造力影响的研究（Zhang et al.，2010；朱海等，2013；Henker et al.，2015；屠兴勇等，2017），丰富了创造性过程投入前置变量的研究。

5. 拓展了中国情境下有关观点采择、跨边界行为的研究

在变革型领导与创造力的研究中，本书对于观点采择的前因、结果及其作用机制进行了较为全面的探讨。以往研究认为观点采择是指个体从他人角度去理解其想法、动机、意图和情绪的积极认知过程，这个认知过程受到了谦卑领导的影响（Wang et al.，2016）。研究者还发现观点采择可以促进创造力的产生（Galinsky et al.，2008；Wang et al.，2016；Doron，2017），但是缺乏对其影响机制的探索。本书将变革型领导、观点采择和创造力等变量整合起来，发现变革型领导是观点采择的前置变量，观点采择则通过跨边界行为对创造力产生积极的影响，而且，变革型领导、观点采择、跨边界行为相互作用，共同促进了研发团队成员的创造力。这一结论拓展了中国情境下观点采择的实证研究。

在变革型领导与创造力的研究中，本书还响应 Marrone 等（2007）的呼吁，对跨边界行为的前置变量进行了探究。以往研究主要从学习和网络等视角对跨边界行为的内涵及其作用进行了大量研究。例如，张大力和葛玉辉（2016）发现高管团队的跨边界行为通过促进团队学习影响企业创新绩效。刘松博和李玉辉（2014）基于社会网络的分析视角，证明跨边界行为有助于提升团队成员在团队内部网络中的地位，进而促进其任务绩效。然而，以往研究较少关注跨边界行为的前置变量。虽然陈璐等（2016）对于调节定向等个体特征差异性与研发人员跨边界行为之间的关系展开了研究，但是仍然缺乏对于领导等情境因素的探索。本书的研究结论展现了变革型领导对跨边界行为的积极效应，为跨边界行为的前置变量研究提出了一个新的视角，也为变革型领导在创新、创造力领域的应用增加了实证证据。

13.2　实　践　意　义

本书主要探讨参与式领导、变革型领导对知识型团队成员创造力的影响机制，对于中国企业知识型团队的创新管理实践具有一定的启示作用。首先，企业应该在研发团队中选拔和培养参与式领导和变革型领导。一方面，应该优先选择具有参与式领导、变革型领导行为特征的候选人作为团队领导。这类领导者能够将精力集中在团队长期目标上，激励成员追求发展远景，引导成员为自己和团队的发展承担更大的责任。他们乐于为团队成员提供资源和帮助，乐于听取成员的意见和建议，与成员分享决策权。另一方面，可以对在岗的团队领导进行针对性的培训，强调参与式领导和变革型领导在管理上的优势，并且传授这两类领导者的领导要领，使得参加培训者能够发展为参与式领导、变革型领导。此外，在对团队

领导进行考核时，除了硬性的绩效指标，还应该加入一些柔性的能够反映参与式领导和变革型领导行为的指标。例如，领导者能否强调集体使命感，能否乐观地谈论未来，能否让下属从不同角度看待问题，能否帮助下属发挥自身的长处，能否倾听下属的想法和建议并鼓励下属表达自己的观点和建议等，以此鼓励领导者在实际工作中更多地展现参与式领导和变革型领导行为。

其次，应该重视知识型团队成员的心理安全感和创造性过程投入对创造力提升的重要作用。根据本书的研究结论，参与式领导乐于分享决策权、资源和信息，征询下属意见，鼓励其参与决策的行为，在一定程度上改变了等级化的组织结构中以领导者为中心的理念，有利于建立积极的上下级关系，增强团队成员的心理安全感，使其勇于承担风险与责任，将更多的时间、精力投入创造性过程中，打破常规，产生更多的创造性成果。因此，组织应当通过领导力的训练计划和人力资源管理举措，促进参与式领导的产生。此外，还应关注知识型团队中的社会交换过程与个体的创造性认知过程对创造力影响的逻辑次序。本书的研究结论显示社会交换过程与创造性认知过程存在因果关系。因此，领导者应该优先满足团队成员的心理安全需求，在组织和团队中营造出公平、公正、透明的氛围，才能使团队成员全身心地投入创造性活动中。

最后，企业还应该重视培养知识型团队成员的观点采择能力，鼓励他们开展跨边界行为。一方面，企业应该肯定和重用那些善于理解他人观点、积极与外界沟通交流的研发团队成员，这类成员能够对他人分享的知识进行准确理解并用于自身或团队任务，促进创造力的产生。另一方面，企业应该帮助研发团队成员搭建团队外部关系网，定期组织与团队外部相关群体的交流活动，鼓励他们走出团队，多与团队外部相关人士交流。在考核方面，除了基本的绩效考核指标之外，还应该加入一些衡量观点采择和跨边界行为的柔性指标，以此激励团队成员在实际工作中更加重视观点采择与跨边界行为。

13.3　研究局限性及未来展望

本书不可避免地存在一些局限性，主要体现在样本的代表性、同源方差、控制变量的选取、调节变量的选取和中介变量的选取五个方面，具体分析如下。

13.3.1　样本的代表性

由于地域与社会关系方面的限制，本书两项研究的样本主要来源于西南地区的企业、研究院或研发中心，被调查对象主要是研发技术团队的领导和成员。研究结论的外部效度具有一定的局限性，研究结论很难推广到其他地区与国家，不具有广泛的代表性。未来研究应该进一步扩大样本量，将调查地域扩展到其他国家和地区，并且适当扩大企业所属行业、团队性质、员工的职业范围，从而得出更具有普适性的研究结论。

13.3.2　同源方差

为了降低同源方差的影响，本书采取了分时间段的方式收集问卷，而且数据分别来源于团队领导和成员这两个不同的途径。但是，在参与式领导的研究中，心理安全感、创造性过程投入等中介变量均由员工自我评价。同样地，在变革型领导的研究中，观点采择、跨边界行为等中介变量也由员工自我评价。因此，同源方差仍然可能存在。未来研究可考虑结合多种调查方式，如采取实验、二手数据及增加团队外部的调查对象等来降低同源方差的影响。

13.3.3　控制变量的选取

在参与式领导的研究中，本书以社会交换理论和创造力成分模型为基础构建模型，证实了心理安全感和创造性过程投入在参与式领导与创造力之间的中介效应。但是，其他人际关系变量，如领导-成员交换、心理授权，创造力成分变量，如内在动机、创造力自我效能感，以及领导本身的专业性等因素都可能会对创造力产生影响。未来研究应控制相关变量，进一步提高心理安全感和创造性过程投入在参与式领导作用机制中的解释力度。同样地，在变革型领导的研究中，本书以动机性信息处理理论为基础构建模型，发现观点采择和跨边界行为在变革型领导与创造力之间起到了中介作用。但是，其他动机变量，如认知动机、内在动机，行为变量，如知识分享等都可能会对创造力产生影响。未来研究应控制相关变量，进一步提高观点采择和跨边界行为在变革型领导作用机制中的解释力度。

13.3.4　调节变量的选取

本书主要探讨了参与式领导、变革型领导对知识型团队成员创造力的影响机制。但是根据创造力交互理论，参与式领导、变革型领导对创造力的作用可能会因组织、团队或个体层次的情境因素的不同而权变。因此，未来研究应关注个体人格特质、任务特征、工作单位结构等情境因素的调节作用，从而进一步深入探讨参与式领导、变革型领导影响创造力的边界作用。

13.3.5　中介变量的选取

在参与式领导的研究中,本书选取了心理安全感和创造性过程投入作为参与式领导与创造力之间的中介变量。在变革型领导的研究中,本书选取了观点采择和跨边界行为作为变革型领导与创造力之间的中介变量。未来研究应该关注领导-成员交换、心理授权等变量的中介作用,从而进一步深入探讨参与式领导、变革型领导与创造力之间的作用机制。

参 考 文 献

曹科岩，窦志铭. 2015. 组织创新氛围、知识分享与员工创新行为的跨层次研究. 科研管理，36（12）：83-91.

陈晨，时勘，陆佳芳. 2015. 变革型领导与创新行为：一个被调节的中介作用模型. 管理科学，28（4）：11-22.

陈春花，苏涛，王杏珊. 2016. 中国情境下变革型领导与绩效关系的 Meta 分析. 管理学报，13（8）：1174-1183.

陈德智. 1999. 企业创新激励管理案例与实证研究. 大连理工大学学报（社会科学版），20（4）：21-24.

陈力田，许庆瑞. 2014. 知识搜寻跨边界协同对自主创新能力结构类型影响的实证研究. 科学学与科学技术管理，35（10）：13-25.

陈璐，柏帅皎，王月梅. 2016. CEO 变革型领导与高管团队创造力：一个被调节的中介模型. 南开管理评论，19（2）：63-74.

陈璐，瞿鑫，杨百寅. 2018. 自恋的下属更沉默?自恋领导对下属工作绩效的破坏性效应研究. 预测，37（2）：9-14.

陈璐，王月梅. 2017. 促进型调节定向对研发人员跨边界行为的影响研究. 管理科学，30（1）：107-118.

陈璐，杨百寅，井润田. 2015. 战略型领导与高管团队成员创造力：基于高科技企业的实证分析. 管理评论，27（3）：142-152，121.

陈明淑，周帅. 2018. 参与式管理对新生代员工忠诚度的影响研究——一个被调节的中介效应模型. 工业技术经济，37（10）：14-20.

陈清华. 2013. 变革型领导行为对知识共享的影响研究——以团队心理安全为中介变量. 湖南工业大学硕士学位论文.

陈睿. 2013. 科研团队异质性对创新绩效的影响研究. 电子科技大学博士学位论文.

陈睿，井润田. 2012. 团队异质性对团队成员创新绩效的影响机制. 技术经济，31（12）：13-21.

陈万思，丁珏，余彦儒. 2013. 参与式管理对和谐劳资关系氛围的影响：组织公平感的中介作用与代际调节效应. 南开管理评论，16（6）：47-58.

陈晓萍. 2012. 组织与管理研究的实证方法. 北京：北京大学出版社.

陈雪峰，时勘. 2008. 参与式领导行为的作用机制：来自不同组织的实证分析. 管理世界，（3）：126-132，158.

陈颖. 2013. 心理契约对员工进谏行为的影响机理研究. 天津理工大学硕士学位论文.

丁栋虹，张翔. 2016. 创造力自我效能对员工创造力的影响机制. 经济与管理研究，37（9）：115-125.

丁琳. 2010. 变革型领导与员工创新：领导-下属关系的中介作用. 科研管理，31（1）：177-184.

丁琳，席酉民. 2007. 变革型领导如何影响下属的组织公民行为——授权行为与心理授权的作用. 管理评论，19（10）：24-29.

丁延开. 2015. 真诚型领导对员工建言行为影响的研究：心理安全感的中介作用. 江西财经大学硕士学位论文.

杜鹏程，房莹，姚瑶. 2018. 工作自主性、差错学习与创新行为——心理所有权的调节作用. 科技管理研究，38（15）：183-188.

杜鹏程，李敏，倪清，等. 2015. 差错反感文化对员工创新行为的影响机制研究. 管理学报，12（4）：538-545.

杜荣，冯俊嵩，厉敏. 2012. 边界跨越对 IT 外包绩效影响的实证分析. 中国管理科学，20（4）：177-184.

杜晓君，杨勃，任晴阳. 2015. 基于扎根理论的中国企业克服外来者劣势的边界跨越策略研究. 管理科学，28（2）：12-26.

段锦云. 2012. 家长式领导对员工建言行为的影响：心理安全感的中介机制. 管理评论，24（10）：109-116.

段锦云，黄彩云. 2014. 变革型领导对员工建言的影响机制再探：自我决定的视角. 南开管理评论，17（4）：98-109.

段锦云，田晓明，王先辉. 2013. 情绪智力对员工创造力的影响. 科研管理，34（8）：106-114.

段锦云，肖君宜，夏晓彤. 2017. 变革型领导、团队建言氛围和团队绩效：创新氛围的调节作用. 科研管理，38（4）：76-83.

段锦云，张倩，黄彩云. 2015. 建言角色认同及对员工建言行为的影响机制研究. 南开管理评论，18（5）：65-74.

樊骅，刘益，韩冰. 2015. 角色压力与共享领导力对跨界员工创造力的作用研究. 软科学，29（12）：77-81.

樊骅，刘益，韩冰. 2016. 社会网络对跨界员工创造力的作用研究. 工业工程与管理，21（3）：104-109.

范恒，张怡凡. 2017. 主动的员工更具创造力吗? 知识探索的中介作用与信任领导的调节作用. 中国人力资源开发，10：64-75.

冯彩玲. 2017. 差异化变革型领导对员工创新行为的跨层次影响. 管理评论，29（5）：120-130.

冯永春，周光. 2015. 领导包容对员工创造行为的影响机理研究——基于心理安全视角的分析. 研究与发展管理，27（3）：73-82.

奉小斌，彭学兵. 2013. 任务特征与质量改进团队跨界行为的关系研究. 人类工效学，19（4）：28-32.

付玉. 2015. 员工情绪智力与创造过程参与的关系. 东北财经大学硕士学位论文.

耿紫珍，赵佳佳，丁琳. 2020. 中庸的智慧：上级发展性反馈影响员工创造力的机理研究. 南开管理评论，（1）：75-86.

古银华. 2016. 包容型领导对员工创新行为的影响——一个被调节的中介模型. 经济管理, 38（4）: 93-103.

顾远东, 周文莉, 彭纪生. 2014. 组织支持感对研发人员创新行为的影响机制研究. 管理科学, 27（1）: 109-119.

郭桂梅, 段兴民. 2008. 变革型领导行为与创造性: 内在动机和创造性工作氛围的中介作用——针对中国企业管理实践的分析. 科学学与科学技术管理, 29（3）: 189-196.

郭一蓉, 李晓立, 宋继文. 2016. 道德领导对员工创造力的作用机制研究: 内在动机与社会交换的中介作用. 中国人力资源开发, （3）: 19-27.

韩宜中. 2010. 提高企业员工内部动机途径的研究. 中国劳动关系学院学报, 24（5）: 65-69.

韩翼, 杨百寅. 2011. 真实型领导、心理资本与员工创新行为: 领导成员交换的调节作用. 管理世界, （12）: 78-86.

韩志伟, 刘丽红. 2019. 团队领导组织公民行为的有效性: 以双维认同为中介的多层次模型检验. 心理科学, 42（1）: 137-143.

郝萌, 程志超. 2015. 真实型领导、积极氛围与下属创造力. 科研管理, 36（12）: 103-109.

侯璐璐, 江琦, 王焕贞, 等. 2017. 真实自豪对人际信任的影响: 观点采择和社会支持的多重中介作用. 教育生物学杂志, 5（2）: 79-84.

贾良定, 陈永霞, 宋继文, 等. 2006. 变革型领导, 员工的组织信任与组织承诺——中国情景下企业管理者的实证研究. 东南大学学报（哲学社会科学版）, 8（6）: 59-67.

江静, 杨百寅. 2014. 领导—成员交换、内部动机与员工创造力——工作多样性的调节作用. 科学学与科学技术管理, 35（1）: 165-172.

江静, 杨百寅. 2016. 换位思考、任务反思与团队创造力: 领导批判性思维的调节作用. 南开管理评论, 19（6）: 27-35.

江新会, 钟昌标, 张强, 等. 2016. 中国心理授权的一个特性: 影响力导致的消极效应及其边界条件. 管理评论, 28（3）: 139-153.

雷星晖, 单志汶, 苏涛永, 等. 2015. 谦卑型领导行为对员工创造力的影响研究. 管理科学, 28（2）: 115-125.

李超平. 2014. 变革型领导与团队效能: 团队内合作的跨层中介作用. 管理评论, 26（4）: 73-81.

李超平, 时勘. 2005. 变革型领导的结构与测量. 心理学报, 37（6）: 803-811.

李方君, 郑粉芳, 杨倩怡, 等. 2018. 员工建言行为的结果及其调节机制. 心理科学进展, 26（4）: 710-718.

李磊, 尚玉钒. 2011. 基于调节焦点理论的领导对下属创造力影响机理研究. 南开管理评论, 14（5）: 4-11.

李磊, 尚玉钒, 席西民, 等. 2012. 变革型领导与下属工作绩效及组织承诺: 心理资本的中介作用. 管理学报, 9（5）: 685-691.

李宁, 严进. 2007. 组织信任氛围对任务绩效的作用途径. 心理学报, 39（6）: 1111-1121.

李绍龙, 龙立荣, 朱其权. 2015. 同心求变: 参与型领导对员工主动变革行为的影响机制研究. 预测, 34（3）: 1-7.

李亚强, 陈朝阳, 苏永强, 等. 2016. 权力对观点采择的影响: 权力动机的调节作用. 心理与行为研究, 14（3）: 399-405.

李燕萍，郑馨怡，刘宗华. 2017. 基于资源保存理论的内部人身份感知对员工建言行为的影响机制研究. 管理学报，14（2）：196-204.

李阳，白新文. 2015a. 内部动机和亲社会动机影响员工创造力的双路径模型. 浙江大学学报（理学版），42（6）：660-667.

李阳，白新文. 2015b. 善心点亮创造力：内部动机和亲社会动机对创造力的影响. 心理科学进展，23（2）：175-181.

李燚，彭疆萍，魏峰. 2015. 士为知己者"言"：参与型领导能否打破员工沉默. 工业工程与管理，20（3）：44-50.

李永占. 2018. 变革型领导对员工创新行为的影响：心理授权与情感承诺的作用. 科研管理，39（7）：123-130.

连欣，杨百寅，马月婷. 2013. 组织创新氛围对员工创新行为影响研究. 管理学报，10（7）：985-992.

林星驰. 2016. 谦卑型领导与员工创新行为的关系：心理安全感和心理资本的作用研究. 华南理工大学硕士学位论文.

刘步. 2015. 领导风格对员工创新行为的影响机理研究. 东北财经大学博士学位论文.

刘景江，邹慧敏. 2013. 变革型领导和心理授权对员工创造力的影响. 科研管理，34（3）：68-74.

刘力钢，孟伟. 2016. 基于动态能力的跨界搜寻与技术创新关系探讨. 山西师大学报（社会科学版），43（3）：78-82.

刘鹏程，孙新波，张大鹏，等. 2016. 组织边界跨越能力对开放式服务创新的影响研究. 科学学与科学技术管理，37（11）：136-151.

刘松博，戴玲玲，李婉蓉. 2013. 中国背景下决策参与和员工创新的关系研究. 科学学与科学技术管理，34（8）：159-165.

刘松博，李育辉. 2014. 员工跨界行为的作用机制：网络中心性和集体主义的作用. 心理学报，46（6）：852-863.

刘伟国，房俨然，施俊琦，等. 2018. 领导创造力期望对团队创造力的影响. 心理学报，50（6）：667-677.

刘小禹，孙健敏，周禹. 2011. 变革/交易型领导对团队创新绩效的权变影响机制——团队情绪氛围的调节作用. 管理学报，8（6）：857-864.

刘宗华，李燕萍，郑馨怡. 2018. 工作嵌入对员工创新行为的影响：内部人身份感知和主管支持的作用. 中国人力资源开发，35（7）：146-156.

吕逸婧，苏勇. 2015. 真诚型领导能否打破员工沉默？一个有调节的中介模型. 心理科学，38（5）：1178-1186.

马君，张昊民，杨涛. 2015. 成就目标导向、团队绩效控制对员工创造力的跨层次影响. 心理学报，47（1）：79-92.

马永远. 2015. 新产品开发团队时间压力、自省性与创新绩效. 科学学与科学技术管理，36（2）：139-148.

裴瑞敏，李虹，高艳玲. 2013. 领导风格对科研团队成员创造力的影响机制研究——内部动机和LMX的中介作用. 管理评论，25（3）：111-118.

齐孟阳. 2014. 个人主义/集体主义对团队创造力的影响研究. 山西大学硕士学位论文.

钱春海. 2010. 团队内知识分享行为影响因素的结构性研究. 南开管理评论, 13（5）: 36-44.

曲如杰, 康海琴. 2014. 领导行为对员工创新的权变影响研究. 管理评论, 26（1）: 88-98.

施跃东, 段锦云. 2016. 参与式领导对组织助人行为的影响: 工作幸福感和角色清晰度的作用. 心理研究, 9（4）: 67-74.

宋萌, 王震, 张华磊. 2017. 领导跨界行为影响团队创新的内在机制和边界条件: 知识管理的视角. 管理评论, 29（3）: 126-135.

隋杨, 王辉, 岳旖旎, 等. 2012. 变革型领导对员工绩效和满意度的影响: 心理资本的中介作用及程序公平的调节作用. 心理学报, 44（9）: 1217-1230.

孙炳海, 张雯雯, 苗德露, 等. 2014. 观点采择对共情性尴尬的影响: 共情反应与尴尬类型的不同作用. 心理科学, 37（6）: 1444-1449.

唐贵瑶, 李鹏程, 李骥. 2012. 国外授权型领导研究前沿探析与未来展望. 外国经济与管理, 34（9）: 73-80.

屠兴勇, 王泽英, 何欣, 等. 2017. 批判性反思、创新性过程投入与创新行为——来自科技型企业员工的实证研究. 科学学与科学技术管理, 38（3）: 126-138.

屠兴勇, 杨百寅, 张琪. 2016. 学习目标取向、共享意愿与员工创造力: 机理与路径. 科学学与科学技术管理, 37（2）: 161-171.

王本康. 2003. 在变革创新中进取成长——GE公司成功的启示. 中国民用航空, 27（3）: 69-70.

王凤彬, 陈建勋. 2011. 动态环境下变革型领导行为对探索式技术创新和组织绩效的影响. 南开管理评论, 14（1）: 4-16.

王丽平, 陈晴晴. 2016. 跨界合作行为、外部创新搜寻对创新绩效的影响——战略柔性的调节作用. 科技进步与对策, 33（19）: 21-26.

王亮, 牛雄鹰, 石冠峰. 2017. 互联网背景下共享型领导对团队创造力的促进作用研究: 边界行为视角. 科技进步与对策, 34（1）: 141-146.

王楠楠, 姚盛楠, 吴国滨, 等. 2017. 参与式领导对员工能力及其职业道德的影响——支持性组织氛围的中介作用. 科技与经济, 30（1）: 71-75.

王艳子, 白丽莎, 李倩. 2017. 团队领导跨界行为对团队创造力的影响机理: 知识管理视角. 科技进步与对策, 34（3）: 140-146.

王永丽, 张智宇, 何颖. 2012. 工作-家庭支持对员工创造力的影响探讨. 心理学报, 44（12）: 1651-1662.

王永跃, 段锦云. 2015. 政治技能如何影响员工建言: 关系及绩效的作用. 管理世界,（3）: 102-112.

王永跃, 王慧娟, 王晓辰. 2015. 内部人身份感知对员工创新行为的影响: 创新自我效能感和遵从权威的作用. 心理科学, 38（4）: 954-959.

王永跃, 张玲. 2018. 心理弹性如何影响员工创造力: 心理安全感与创造力自我效能感的作用. 心理科学, 41（1）: 118-124.

王雨晴, 游旭群, 焦健, 等. 2015. 观点采择: 基于自我的推理及其个体差异. 心理学报, 47（8）: 1039-1049.

王桢, 陈乐妮, 李旭培. 2015. 变革型领导与工作投入: 基于情感视角的调节中介模型. 管理评论, 27（9）: 120-129.

吴锐. 2009. 浅析以培养观点采择能力为新途径的学校道德教育. 教育与职业,（9）: 79-80.

向常春, 龙立荣. 2013. 参与型领导与员工建言: 积极印象管理动机的中介作用. 管理评论, 25（7）: 156-166.

肖丁丁, 朱桂龙. 2016. 双元性视角下的企业技术能力动态成长过程研究. 管理学报, 13（11）: 1656-1664.

肖丁丁, 朱桂龙. 2017. 跨界搜寻、双元能力结构与绩效的关系研究——基于创新能力结构视角. 经济管理, 39（3）: 48-62.

徐兵, 石冠峰. 2014. 变革型领导对团队创造力的影响机制研究: 团队反思与团队边界管理的中介作用. 科技管理研究, 34（18）: 19-25.

徐建中, 曲小瑜. 2014. 团队跨界行为、知识交易与团队创造力关系研究——基于装备制造企业的实证分析. 科学学与科学技术管理, 35（7）: 151-161.

徐世勇, 朱金强. 2017. 道德领导与亲社会违规行为: 双中介模型. 心理学报, 49（1）: 106-115.

许彦妮, 顾琴轩, 蒋琬. 2014. 德行领导对员工创造力和工作绩效的影响: 基于 LMX 理论的实证研究. 管理评论, 26（2）: 139-147.

阎婧, 刘志迎, 郑晓峰. 2016. 环境动态性调节作用下的变革型领导、商业模式创新与企业绩效. 管理学报, 13（8）: 1208-1214.

杨春江, 蔡迎春, 侯红旭. 2015a. 心理授权与工作嵌入视角下的变革型领导对下属组织公民行为的影响研究. 管理学报, 12（2）: 231-239.

杨春江, 冯秋龙, 田子州. 2015b. 变革型领导与员工任务绩效: 主动性人格和领导–成员交换的作用. 管理工程学报, 29（1）: 39-46, 97.

杨继平, 王兴超, 杨力. 2014. 观点采择对大学生网络偏差行为的影响: 道德推脱的中介作用. 心理科学, 37（3）: 633-638.

杨烁, 余凯. 2019. 组织信任对教师知识共享的影响研究——心理安全感的中介作用及沟通满意度的调节作用. 教育研究与实验,（2）: 39-45.

姚亚男, 韦福祥, 李理. 2017. 情境因素对跨界行为影响机制的研究——基于美特斯邦威服装门店一线员工的实证分析. 天津师范大学学报（自然科学版）, 37（3）: 70-80.

姚艳虹, 韩树强. 2013. 组织公平与人格特质对员工创新行为的交互影响研究. 管理学报, 10（5）: 700-707.

叶龙, 刘云硕, 郭名. 2018. 家长式领导对技能人才知识共享意愿的影响——基于自我概念的视角. 技术经济, 37（2）: 55-62.

于静静, 蒋守芬, 赵曙明. 2015. 冲突管理方式与员工建言行为的关系研究——基于心理安全感和权力距离视角. 华东经济管理, 29（10）: 168-174.

余宏波, 刘桂珍. 2006. 移情、道德推理、观点采择与亲社会行为关系的研究进展. 心理发展与教育, 22（1）: 113-116.

俞位增, 蔡简建, 陈珊. 2015. 集群内代工企业跨界搜索类型对创新绩效的影响研究——基于跨界组织制度性的调节效应. 宁波大学学报（人文科学版）, 28（6）: 84-89.

袁庆宏, 张华磊, 王震, 等. 2015. 研发团队跨界活动对团队创新绩效的"双刃剑"效应——团队反思的中介作用和授权领导的调节作用. 南开管理评论, 18（3）: 13-23.

张晨, 朱静, 段锦云, 等. 2016. 参与型领导与员工建言: 自我建构的调节作用. 应用心理学,

22（1）：26-36.

张大力，葛玉辉. 2016. 高管团队跨界行为与企业创新绩效关系：基于团队学习的视角. 系统管理学报，25（2）：235-245.

张海兰，杜瑞. 2011. 观点采择的研究进展. 产业与科技论坛，10（1）：125-126.

张华磊，袁庆宏，王震，等. 2014. 核心自我评价、领导风格对研发人员跨界行为的影响研究. 管理学报，11（8）：1168-1176.

张凯丽，唐宁玉. 2017. 组织中的换位思考：回顾与未来展望. 中国人力资源开发，（1）：42-51.

张晓洁，刘新梅，屈晓倩. 2016. 团队任务冲突如何影响个体创造力：一个跨层的中介调节模型. 预测，35（1）：22-27.

张燕，解蕴慧，王泸. 2015. 组织公平感与员工工作行为：心理安全感的中介作用. 北京大学学报（自然科学版），51（1）：180-186.

张勇，龙立荣. 2013. 绩效薪酬对雇员创造力的影响：人-工作匹配和创造力自我效能的作用. 心理学报，45（3）：363-376.

张喆，贾明. 2016. 下属逢迎行为何时有用?亲社会动机和同理心的影响作用研究. 管理工程学报，30（1）：26-33.

张振刚，余传鹏，李云健. 2016. 主动性人格、知识分享与员工创新行为关系研究. 管理评论，28（4）：123-133.

赵书松，谭蓓菁，朱越. 2018. 领导者创新鼓励对组织创新性格的作用机制. 珞珈管理评论，（2）：32-41.

赵英男，闵亦杰，路江涌，等. 2019. 家族适应性影响员工创新行为的作用机制与边界. 管理学报，16（4）：522-530.

周飞，孙锐. 2016. 基于动态能力视角的跨界搜寻对商业模式创新的影响研究. 管理学报，13（11）：1674-1680.

周浩，龙立荣. 2011. 工作不安全感、创造力自我效能对员工创造力的影响. 心理学报，43（8）：929-940.

周浩，龙立荣. 2012. 变革型领导对下属进谏行为的影响：组织心理所有权与传统性的作用. 心理学报，44（3）：388-399.

周家贵，井润田，孟太生. 2012. 变革型领导行为对科研团队绩效的影响过程研究. 管理工程学报，26（4）：26-31.

周明建，潘海波，任际范. 2014. 团队冲突和团队创造力的关系研究：团队效能的中介效应. 管理评论，26（12）：120-130.

朱海，古继宝，吴剑琳. 2013. 主动性人格对员工创造力的影响：创造过程参与和组织创新氛围的作用. 上海管理科学，35（1）：63-68.

朱慧，周根贵. 2016. 变革型领导行为有效吗?——基于 Meta 分析的变革型领导与组织绩效关系的研究. 管理评论，28（7）：179-187.

朱益霞，周飞，沙振权. 2016. 跨界搜寻与商业模式创新的关系——吸收能力的视角. 经济管理，38（11）：92-104.

Ackoff R L. 1998. A systemic view of transformational leadership. Systemic Practice and Action Research，11（1）：23-36.

Ahearne M, Mathieu J, Rapp A. 2005. To empower or not to empower your sales force? An empirical examination of the influence of leadership empowerment behavior on customer satisfaction and performance. Journal of Applied Psychology, 90 (5): 945-955.

Ajzen I. 1991. The theory of planned behavior. Organizational Behavior and Human Decision Processes, 50 (2): 179-211.

Amabile T M. 1979. Effects of external evaluation on artistic creativity. Journal of Personality and Social Psychology, 37 (2): 221-233.

Amabile T M. 1983. The social psychology of creativity: A componential conceptualization. Journal of Personality and Social Psychology, 45 (2): 357-376.

Amabile T M. 1988. A model of creativity and innovation in organizations. Research in Organizational Behavior, 10 (10): 123-167.

Amabile T M. 1996. Creativity in Context: Update to the Social Psychology of Creativity. Boulder: Westview Press.

Amabile T M, Conti R, Coon H, et al. 1996. Asessing the work environment for creativity. The Academy of Management Journal, 39 (5): 1154-1184.

Amabile T M, Goldfarb P, Brackfield S. 1990. Social influences on creativity: Evaluation, coaction, and surveillance. Creativity Research Journal, 3 (1): 6-21.

Ancona D G. 1990. Outward bound: Strategies for team survival in an organization. The Academy of Management Journal, 33 (2): 334-365.

Ancona D G, Caldwell D F. 1987. Beyond task and maintenance: Defining external functions in groups. Group and Organization Management, 13 (4): 468-494.

Andersen P H, Kragh H, Lettl C. 2013. Spanning organizational boundaries to manage creative processes: The case of the LEGO Group. Industrial Marketing Management, 42 (1): 125-134.

Anderson J C, Gerbing D W. 1988. Structural equation modeling in practice: A review and recommended two-step approach. Psychological Bulletin, 103 (3): 411-423.

Anderson N, Potocnik K, Zhou J. 2014. Innovation and creativity in organizations: A state-of-the-science review, prospective commentary, and guiding framework. Journal of Management, 40 (5): 1297-1333.

Arnold J A, Arad S, Rhoades J A, et al. 2000. The empowering leadership questionnaire: The construction and validation of a new scale for measuring leader behaviors. Journal of Organizational Behavior, 21 (3): 249-269.

Baer M, Oldham G R. 2006. The curvilinear relation between experienced creative time pressure and creativity: Moderating effects of openness to experience and support for creativity. Journal of Applied Psychology, 91 (4): 963-970.

Bai Y, Lin L, Li P P. 2016. How to enable employee creativity in a team context: A cross-level mediating process of transformational leadership. Journal of Business Research, 69 (9): 3240-3250.

Bandura A. 1986. Social Foundations of Thought and Action: A Social Cognitive Theory. Englewood Cliffs: Prentice Hall.

Bandura A. 1997. Self-efficacy: The exercise of control. Journal of Cognitive Psychotherapy, 604 (2): 158-166.

Barron F. 1955. The disposition toward originality. Journal of Abnormal Psychology, 51(3):478-485.

Barsky A. 2011. Investigating the effects of moral disengagement and participation on unethical work behavior. Journal of Business Ethics, 104 (1): 59-75.

Bass B M. 1985. Leadership and Performance Beyond Expectations. New York: Free Press.

Bass B M. 1990. Bass and Stodgill's Handbook of Leadership. New York: Free Press.

Bass B M. 1995. Theory of transformational leadership redux. Leadership Quarterly, 6(4): 463-478.

Bass B M, Avolio B J. 1990. The implications of transactional and transformational leadership for individual, team, and organizational development. Research in Organizational Change and Development, 4 (1): 231-272.

Bass B M, Avolio B J. 1997. Full-range of leadership development: Manual for the multi-factor leadership questionnaire. Palo Alto: Mind Garden.

Bell C, Mjoli T. 2014. The effects of participative leadership on organisational commitment: Comparing its effects on two gender groups among bank clerks. African Journal of Business Management, 8 (12): 451-459.

Benoliel P, Somech A. 2014. The health and performance effects of participative leadership: Exploring the moderating role of the Big Five personality dimensions. European Journal of Work and Organizational Psychology, 23 (2): 277-294.

Blau P M. 1956. Social mobility and interpersonal relations. American Sociological Review, 21 (3): 290-295.

Blau P M. 1964. Exchange and Power in Social Life. New York: Wiley.

Bono J E, Hooper A C, Yoon D J.2012. Impact of rater personality on transformational and transactional leadership ratings. The Leadership Quarterly, 23 (1): 132-145.

Bowler W M, Brass D J. 2006. Relational correlates of inter personal citizenship behawior: a social network perspective. The Journal of Applied Psychology, 91 (1): 70-82.

Brion S, Chauvet V, Chollet B, et al. 2012. Project leaders as boundary spanners: Relational antecedents and performance outcomes. International Journal of Project Management, 30 (6): 708-722.

Brislin R W. 1980. Cross-cultural Research Methods. Carolina: Springer Press.

Brix J. 2019. Ambidexterity and organizational learning: Revisiting and reconnecting the literatures. The Learning Organization, 26 (4): 337-351.

Brown S P, Leigh T. 1996. A new look at psychological climate and its relationship to job involvement, effort, and performance. Journal of Applied Psychology, 81 (4): 359-368.

Bstieler L, Hemmert M. 2010. Increasing learning and time efficiency in interorganizational new product development teams. Journal of Product Innovation Management, 27 (4): 485-499.

Bunderson J S, Boumgarden P. 2010. Structure and learning in self-managed teams: Why "bureaucratic" teams can be better learners. Organization Science, 21 (3): 609-624.

Burns J M. 1978. Leadership. New York: Happy & Row.

Byrne D E. 1971. The Attraction Paradigm. New York: Academic Press.

Carmeli A, Gittell J H. 2009. High-quality relationships, psychological safety, and learning from failures in work organizations. Journal of Organizational Behavior, 30（6）: 709-729.

Carmeli A , Schaubroeck J , Tishler A . 2011. How CEO empowering leadership shapes top management team processes: Implications for firm performance. The Leadership Quarterly, 22（2）: 399-411.

Chan D. 2006. Interactive effects of situational judgment effectiveness and proactive personality on work perceptions and work outcomes. Journal of Applied Psychology, 91（2）: 475-481.

Chang J H, Teng C C. 2017. Intrinsic or extrinsic motivations for hospitality employees' creativity: The moderating role of organization-level regulatory focus. International Journal of Hospitality Management, 60: 133-141.

Chen G, Sharma P N, Edinger S K, et al. 2011. Motivating and demotivating forces in teams: cross-level influences of empowering leadership and relationship conflict. Journal of Applied Psychology, 96（3）: 541-557.

Chen L, Zheng W, Yang B, et al. 2016. Transformational leadership, social capital and organizational innovation. Leadership & Organization Development Journal, 37（7）: 843-859.

Chen X P, Chen C C. 2004. On the intricacies of the chinese guanxi: A process model of guanxi development. Asia Pacific Journal of Management, 21（3）: 305-324.

Chen Y F, Tjosvold D. 2006. Participative leadership by American and chinese managers in China: The role of relationships. Journal of Management Studies, 43（8）: 1727-1752.

Chiang Y H, Hung K P. 2010. Exploring open search strategies and perceived innovation performance from the perspective of inter-organizational knowledge flows. R & D Management, 40（3）: 292-299.

Christian M S, Garza A S, Slaughter J E. 2011. Work engagement: A quantitative review and test of its relations with task and contextual performance. Personnel Psychology, 64（1）: 89-136.

Church B K, Peytcheva M, Yu W, et al. 2015. Perspective taking in auditor-manager interactions: An experimental investigation of auditor behavior. Accounting, Organizations and Society, 45: 40-51.

Clugston M, Howell J P, Dorfman P W. 2000. Does cultural socialization predict multiple bases and foci of commitment? Journal of Management, 26（1）: 5-30.

Dacey J S, Lennon K H. 1998. Understanding Creativity: The Interplay of Biological, Psychological, and Social Factors. New York: Jossey Bass.

Davis M H, Conklin L, Smith A, et al. 1996. Effect of perspective taking on the cognitive representation of persons: A merging of self and other. Journal of Personality and Social Psychology, 70（4）: 713-726.

De Dreu C K W, Baas M, Nijstad B A. 2008. Hedonic tone and activation level in the mood-creativity link: Toward a dual pathway to creativity model. Journal of Personality and Social Psychology, 94（5）: 739-756.

De Dreu C K W, Beersma B. 2010. Team confidence, motivated information processing, and dynamic group decision making. European Journal of Social Psychology, 40 (7): 1110-1119.

De Dreu C K W, Carnevale P J. 2003. Motivational bases of information processing and strategy in conflict and negotiation//Zanna M P. Advances in Experimental Social Psychology. San Diego: Academic: 235-291.

De Dreu C K W, Nijstad B A, Bechtoldt M N, et al. 2011. Group creativity and innovation: A motivated information processing perspective. Psychology of Aesthetics, Creativity, and the Arts, 5 (1): 81-89.

De Dreu C K W, Nijstad B A, van Knippenberg D. 2015. Motivated information processing in group judgment and decision making. Personality & Social Psychology Review, 12 (1): 22-49.

Deci E L, Ryan R M. 1985. Intrinsic Motivation and Self-Determination in Human Behavior. New York: Springer US.

Dewey J. 1910. How We Think. Boston, New York, and Chicago: D. C. Heath.

Dienesch R M, Liden R C. 1986. Leader-member exchange model of leadership: A critique and further development. Academy of Management Review, 11 (3): 618-634.

Dimaggio G, Lysaker P H, Carcione A, et al. 2008. Know yourself and you shall know the other··· to a certain extent: Multiple paths of influence of self-reflection on mindreading. Consciousness and Cognition, 17 (3): 778-789.

Dong Y, Bartol K M, Zhang Z X, et al. 2017. Enhancing employee creativity via individual skill development and team knowledge sharing: Influences of dual-focused transformational leadership. Journal of Organizational Behavior, 38 (3): 439-458.

Doron E. 2017. Fostering creativity in school aged children through perspective taking and visual media based short term intervention program. Thinking Skills and Creativity, 23: 150-160.

Drach-Zahavy A, Somech A. 2010. From an intrateam to an interteam perspective of effectiveness: The role of interdependence and boundary activities. Small Group Research, 41 (2): 143-174.

Du Y, Zhang L, Zhang Z. 2019. Resources matter: Combined influence of job demands and job control on creative process engagement. The Journal of Psychology, 153 (2): 141-160.

Dutton J E, Heaphy E. 2003. The power of high-quality connections. Positive Organizational Scholarship, 3: 263-278.

Dvir T, Shamir B. 2003. Follower developmental characteristics as predicting transformational leadership: A longitudinal field study. The Leadership Quarterly, 14 (3): 327-344.

Edmondson A C. 1999. Psychological safety and learning behavior in work teams. Administrative Science Quarterly, 44 (2): 350-383.

Edmondson A C. 2002. The local and variegated nature of learning in organizations: A group-level perspective. Organization Science, 13 (2): 128-146.

Edmondson A C. 2004. Psychological safety, trust, and learning in organizations: A group-level lens. Trust and Distrust in Organizations: Dilemmas and Approaches, 12: 239-272.

Edmondson A C, Lei Z. 2014. Psychological safety: The history, renaissance, and future of an interpersonal construct. Annual Review of Organizational Psychology and Organizational Behavior, 1 (1): 23-43.

Eisenbeiß S A, Boerner S. 2013. A double-edged sword: Transformational leadership and individual creativity. British Journal of Management, 24（1）: 54-68.

Eisenberg N, Mussen P H. 1989. The Roots of Prosocial Behavior in Children. Cambridge: Cambridge University Press.

Elsaied M M. 2019. Supportive leadership, proactive personality and employee voice behavior: The mediating role of psychology safety. American Journal of Besiness, 34（1）: 2-18.

Faraj S, Yan A. 2009. Boundary work in knowledge teams. Journal of Applied Psychology, 94（3）: 604-615.

Farh J L, Cheng B S. 1997. Modesty bias in self-rating in Taiwan: Impact of item wording, modesty value, and self-esteem. Chinese Journal of Psychology, 39（2）: 103-118.

Farmer S M, Tierney P, Kungmcintyre K. 2003. Employee creativity in Taiwan: An application of role identity theory. Academy of Management Journal, 46（5）: 618-630.

Fields D L, Herold D M. 1997. Using the leadership practices inventory to measure transformational and transactional leadership. Educational and Psychological Measurement, 57（4）: 569-579.

Finke R A, Ward T B, Smith S M. 1992. Creative Cognition: Theory, Research, and Applications. Massachusetts: MIT Press.

Galinsky A D, Ku G, Wang C S. 2005. Perspective-taking and self-other overlap: Fostering social bonds and facilitating social coordination. Group Processes and Intergroup Relations, 8（2）: 109-124.

Galinsky A D, Maddux W W, Gilin D, et al. 2008. Why it pays to get inside the head of your opponent : The differential effects of perspective taking and empathy in negotiations. Psychological Science, 19（4）: 378-384.

George J M, Zhou J. 2001. When openness to experience and conscientiousness are related to creative behavior: An interactional approach. Journal of Applied Psychology, 86（3）: 513-524.

Ghaffari S, Shah I M, Burgoyne J, et al. 2017. The influence of respect for employees on the relationship between participative leadership and job satisfaction: A case study at Universiti Teknologi Malaysia. Australian Journal of Basic and Applied Sciences, 11（4）: 17-28.

Gilson L L, Shalley C E. 2004. A little creativity goes a long way: An examination of teams' engagement in creative processes. Journal of Management, 30（4）: 453-470.

Glaser L, Fourné S P L, Elfring T. 2015. Achieving strategic renewal: the multi-level influences of top and middle managers' boundary-spanning. Small Business Economics, 45（2）: 305-327.

Golden III J H, Shriner M. 2017. Examining relationships between transformational leadership and employee creative performance: The moderator effects of organizational culture. The Journal of Creative Behavior, 53（3）: 363-376.

Gong Y, Kim T Y, Lee D R, et al. 2013. A multilevel model of team goal orientation, information exchange, and creativity. Academy of Management Journal, 56（3）: 827-851.

Graen G B, Uhl-Bien M. 1995. Relationship-based approach to leadership: Development of leader-member exchange（LMX）theory of leadership over 25 years: Applying a multi-level multi-domain perspective. The Leadership Quarterly, 6（2）: 219-247.

Grant A M, Berry J W. 2011. The necessity of others is the mother of invention: Intrinsic and prosocial motivations, perspective taking, and creativity. Academy of Management Journal, 54 (1): 73-96.

Guilford J P. 1950. Creativity. American Psychologist, 5 (9): 444-454.

Guilford J P. 1986. Creative talents: Their nature, uses and development. Buffalo: Bearly Ltd.

Gumusluoglu L, Ilsev A. 2009. Transformational leadership, creativity, and organizational innovation. Journal of Business Research, 62 (4): 461-473.

Halbesleben J R, Rathert C. 2008. The role of continuous quality improvement and psychological safety in predicting work-arounds. Health Care Management Review, 33 (2): 134-144.

Henker N, Sonnentag S, Unger D. 2015. Transformational leadership and employee creativity: The mediating role of promotion focus and creative process engagement. Journal of Business and Psychology, 30 (2): 235-247.

Hersey P, Blanchard K H. 1982. Leadership style: Attitudes and behaviors. Training and Development Journal, 36 (5): 50-52.

Hirst G, van Knippenberg D, Zhou J. 2009. A cross-level perspective on employee creativity: Goal orientation, team learning behavior, and individual creativity. Academy of Management Journal, 52 (2): 280-293.

Hoever I J, van Knippenberg D, van Ginkel W P, et al. 2012. Fostering team creativity: perspective taking as key to unlocking diversity's potential. Journal of Applied Psychology, 97 (5): 982-996.

Hofstede G. 1980. Culture's consequences: International differences in workrelated values. Newbury Park: Sage.

Horng J, Hu M. 2009. The creative culinary process: Constructing and extending a four-component model. Creativity Research Journal, 21 (4): 376-383.

Hu J, Erdogan B, Jiang K, et al. 2018. Leader humility and team creativity: The role of team information sharing, psychological safety, and power distance. Journal of Applied Psychology, 103 (3): 313-323.

Huang X. 2012. Helplessness of empowerment: The joint effect of participative leadership and controllability attributional style on empowerment and performance. Human Relations, 65 (3): 313-334.

Huang X, Iun J, Liu A, et al. 2010. Does participative leadership enhance work performance by inducing empowerment or trust? The differential effects on managerial and non-managerial subordinates. Journal of Organizational Behavior, 31 (1): 122-143.

Huang X, Shi K, Zhang Z, et al. 2006. The impact of participative leadership behavior on psychological empowerment and organizational commitment in Chinese state-owned enterprises: The moderating role of organizational tenure. Asia Pacific Journal of Management, 23 (3): 345-367.

Jaiswal N K, Dhar R L. 2015. Transformational leadership, innovation climate, creative self-efficacy and employee creativity: A multilevel study. International Journal of Hospitality Management,

51：30-41.

Jha S，Jha S. 2013. Leader-member exchange：A critique of theory and practice. Journal of Management and Public Poliay，4（2）：42-53.

Jiang J，Yang B. 2015. Roles of creative process engagement and leader-member exchange in critical thinking and employee creativity. Social Behavior and Personality An International Journal，43（7）：1217-1232.

Jiang W，Gu Q，Wang G G. 2015. To guide or to divide：The dual-side effects of transformational leadership on team innovation. Journal of Business and Psychology，30（4）：677-691.

Judge T A，Bono J E，Locke E A. 2000. Personality and job satisfaction：The mediating role of job characteristics. Journal of Applied Psychology，85（2）：237-249.

Jussim L，Soffin S，Brown R，et al. 1992. Understanding reactions to feedback by integrating ideas from symbolic interactionism and cognitive evaluation theory. Journal of Personality and Social Psychology，62（3）：402-421.

Kahn W A. 1990. Psychological conditions of personal engagement and disengagement at work. The Academy of Management Journal，33（4）：692-724.

Kanfer R，Ackerman P L. 1989. Motivation and cognitive abilities：An integrative/aptitude-treatment interaction approach to skill acquisition. Journal of Applied Psychology，74（4）：657-690.

Kanter R M. 1996. When a thousand flowers bloom：Structural，collective，and social conditions for innovation in organizations. Knowledge Management and Organisational Design，10：93-131.

Kark R，Carmeli A. 2009. Alive and creating：the mediating role of vitality and aliveness in the relationship between psychosocial safety and creative work involvement. Journal of Organizational Behavior，30（6）：785-804.

Kerr S，Jermier J M. 1978. Substitutes for leadership：Their meaning and measurement. Organizational Behavior and Human Performance，22（3）：375-403.

Kim B，Kim E，Kim Y K，et al. 2018. Where to find innovative ideas：interdependence-building mechanisms and boundary-spanning exploration. Knowledge Management Research & Practice，16（3）：376-387.

Kirkman B L，Lowe K B，Gibson C B. 2006. A quarter century of culture's consequences：A review of empirical research incorporating Hofstede's cultural values framework. Journal of International Business Studies，37（3）：285-320.

Lam C K，Huang X，Chan S C. 2015. The threshold effect of participative leadership and the role of leader information sharing. Academy of Management Journal，58（3）：836-855.

Leary M R，Kowalski R M. 1990. Impression management：A literature review and two-component model. Psychological Bulletin，107（1）：34-47.

Li G，Shang Y，Liu H，et al. 2014. Differentiated transformational leadership and knowledge sharing：A cross-level investigation. European Management Journal，32（4）：554-563.

Li S，Liao S. 2017. Help others and yourself eventually：Exploring the relationship between help-giving and employee creativity under the model of perspective taking. Frontiers in Psychology，8：1030.

Li V, Mitchell R, Boyle B. 2016. The divergent effects of transformational leadership on individual and team innovation. Group & Organization Management, 41（1）: 66-97.

Liao S H , Chen C C , Hu D C. 2018. The role of knowledge sharing and LMX to enhance employee creativity in theme park work team a case study of Taiwan. International Journal of Contemporary Hospitality Management, 30（5）: 2343-2359.

Litchfield R C, Gentry R J. 2010. Perspective-taking as an organizational capability. Strategic Organization, 8（3）: 187-205.

Liu W, Zhang P, Liao J, et al. 2016. Abusive supervision and employee creativity. Management Decision, 54（1）: 130-147.

Marrone J A, Tesluk P E, Carson J B. 2007. A multilevel investigation of antecedents and consequences of team member boundary-spanning behavior. Academy of Management Journal, 50（6）: 1423-1439.

May D R, Gilson R L, Harter L M. 2004. The psychological conditions of meaningfulness, safety and availability and the engagement of the human spirit at work. Journal of Occupational and Organizational Psychology, 77（1）: 11-37.

Miao Q, Newman A, Huang X. 2014. The impact of participative leadership on job performance and organizational citizenship behavior: Distinguishing between the mediating effects of affective and cognitive trust. The International Journal of Human Resource Management, 25（20）: 2796-2810.

Miller P H, Kessel F S, Flavell J H. 1970. Thinking about people thinking about people thinking about: A study of social cognitive development. Child Development, 41（3）: 613-623.

Min Z C, Armenakis A A, Field H S, et al. 2013. Transformational leadership, relationship quality, and employee performance during continuous incremental organizational change. Journal of Organizational Behavior, 34（7）: 942-958.

Mitchell V L. 2006. Knowledge integration and information technology project performance. MIS Quarterly, 30（4）: 919-939.

Mohr C, Rowe A C, Kurokawa I, et al. 2013. Bodily perspective taking goes social: the role of personal, interpersonal, and intercultural factors. Journal of Applied Social Psychology, 43（7）: 1369-1381.

Morrison E W. 2006. Doing the job well: An investigation of pro-social rule breaking. Journal of Management, 32（1）: 5-28.

Mowday R T, Porter L W, Steers R M. 1982. Employee-Organization Linkages. New York: Academic Press.

Mumford M D, Gustafson S B. 1988. Creativity syndrome: Integration, application, and innovation. Psychological Bulletin, 103（1）: 27-43.

Navaresse D O, Yauch C A, Goff K, et al. 2014. Assessing the effects of organizational culture, rewards, and individual creativity on technical workgroup performance. Creativity Research Journal, 26（4）: 439-455.

Newman A, Rose P S, Teo S T T. 2016. The role of participative leadership and trust-based mechanisms in eliciting intern performance: Evidence from China. Human Resource Management, 55（1）: 56-67.

Ng T W H. 2017. Transformational leadership and performance outcomes: Analyses of multiple mediation pathways. The Leadership Quarterly, 28（3）: 385-417.

Nicholson N, Soane E, Willman P, et al. 2005. Personality and domain-specific risk taking. Journal of Risk Research, 8（2）: 157-176.

Oldham G R, Cummings A. 1996. Employee creativity: Personal and contextual factors at work. Academy of Management Journal, 39（3）: 607-634.

Organ D W. 1988. A restatement of the satisfaction-performance hypothesis. Journal of Management, 14（4）: 547-557.

Owens B P, Hekman D R. 2016. How does leader humility influence team performance? Exploring the mechanisms of contagion and collective promotion focus. Academy of Management Journal, 59（3）: 1088-1111.

Perry-Smith J E. 2006. Social yet creative: The role of social relationships in facilitating individual creativity. Academy of Management Journal, 49（1）: 85-101.

Pfeffer J, Salancik G. 2003. External Control of Organizations. Stanford: Stanford University Press.

Phipps S T A, Prieto L C. 2012. Knowledge is power? An inquiry into knowledge management, its effects on individual creativity, and the moderating role of an entrepreneurial mindset. Academy of Strategic Management Journal, 11（1）: 43-58.

Pillai R, Schriesheim C A, Williams E S. 1999. Fairness perceptions and trust as mediators for transformational and transactional leadership: A two-sample study. Journal of Management, 25（6）: 897-933.

Podsakoff P M, Mackenzie S B, Moorman R H, et al. 1990. Transformational leader behaviors and their effects on followers' trust in leader, satisfaction, and organizational citizenship behaviors. Leadership Quarterly, 1（2）: 107-142.

Post C. 2012. Deep-level team composition and innovation: The mediceting roles of psychological safety and cooperative Learning. Group and Organization Management, 37（5）: 555-588.

Qu R, Janssen O, Shi K. 2015. Transformational leadership and follower creativity: The mediating role of follower relational identification and the moderating role of leader creativity expectations. Leadership Quarterly, 26（2）: 286-299.

Rebre A S. 1985. Penguin Dictionary of Psychology. Harmondsworth: Penguin.

Rego A, Owens B, Leal S, et al. 2017a. How leader humility helps teams to be humbler, psychologically stronger, and more effective: A moderated mediation model. The Leadership Quarterly, 28（5）: 639-658.

Rego A, Owens B, Yam K C, et al. 2017b. Leader humility and team performance: Exploring the mechanisms of team psychological capital and task allocation effectiveness. Journal of Management, 45（3）: 1009-1033.

Rego A, Sousa F, Marques C, et al. 2014. Hope and positive affect mediating the authentic leadership and creativity relationship. Journal of Business Research, 67（2）: 200-210.

Reis H T, Sheldon K M, Gable S L, et al. 2000. Daily well-being: The role of autonomy, competence, and relatedness. Personality and Social Psychology Bulletin, 26（4）: 419-435.

Rolková M, Farkašová V. 2015. The features of participative management style. Procedia Economics and Finance, 23: 1383-1387.

Salancik G R, Pfeffer J. 1978. A social information processing approach to job attitudes and task design. Administrative Science Quarterly, 23（2）: 224-253.

Sarros J C, Cooper B K, Santora J C. 2008. Building a climate for innovation through transformational leadership and organizational culture. Journal of Leadership and Organizational Studies, 15（2）: 145-158.

Schaubroeck J, Lam S S K, Peng A C. 2011. Cognition-based and affect-based trust as mediators of leader behavior influences on team performance. Journal of Applied Psychology, 96（4）: 863-871.

Schein E H, Bennis W G. 1965. Personal and Organizational Change Through Group Methods: The Laboratory Approach. New Jersey: Wiley.

Schippers M C, West M A, Dawson J F. 2015. Team reflexivity and innovation: The moderating role of team context. Journal of Management, 41（3）: 769-788.

Scott S G, Bruce R A. 1994. Determinants of innovative behavior: A path model of individual innovation in the workplace. Academy of Management Journal, 37（3）: 580-607.

Selman R L. 1980. The Growth of Interpersonal Understanding: Developmental and Clinical Analyses. New York: Academy Press.

Shah A, Sterrett C, Chesser J, et al. 2001. Meeting the need for employee development in the 21st century. Sam Advanced Management Journal, 66（6）: 539-543.

Shalley C E, Gilson L L. 2004. What leaders need to know: A review of social and contextual factors that can foster or hinder creativity. Leadership Quarterly, 15（1）: 33-53.

Shalley C E, Gilson L L, Blum T C. 2000. Matching creativity requirements and the work environment: Effects on satisfaction and intentions to leave. Academy of Management Journal, 43（2）: 215-223.

Shalley C E, Perry-Smith J E. 2001. Effects of social-psychological factors on creative performance: The role of informational and controlling expected evaluation and modeling experience. Organizational Behavior and Human Decision Processes, 84（1）: 1-22.

Shantz C U. 1983. Social Cognition//Mussen P H, Flavell J H, Markman E M. Handbook of Child Psychology. New York: Wiley: 495-555.

Sheldon K M, Ryan R M, Reis H T. 1996. What makes for a good day? Competence and autonomy in the day and in the person. Personality and Social Psychology Bulletin, 22（12）: 1270-1279.

Smollan R , Parry K . 2011. Follower perceptions of the emotional intelligence of change leaders: A qualitative study. Leadership, 7（4）: 435-462.

Somech A. 2003. Relationships of participative leadership with relational demography variables: A multi-level perspective. Journal of Organizational Behavior, 24（8）: 1003-1018.

Somech A, Khalaili A. 2014. Team boundary activity: Its mediating role in the relationship between structural conditions and team innovation. Group & Organization Management, 39 (3): 274-299.

Somech A, Wenderow M. 2006. The impact of participative and directive leadership on teachers'performance: The intervening effects of job structuring, decision domain, and leader-member exchange. Educational Administration Quarterly, 42 (5): 746-772.

Sosik J J, Avolio B J, Kahai S S. 1997. Effects of leadership style and anonymity on group potency and effectiveness in a group decision support system environment. Journal of Applied Psychology, 82 (1): 89-103.

Stein M I. 1974. Individual Procedures. New York: Academic Press.

Sun S, Zuo B, Wu Y, et al. 2016. Does perspective taking increase or decrease stereotyping? The role of need for cognitive closure. Personality and Individual Differences, 94 (9): 21-25.

Swann W B, Stein-seroussi A, Giesler R B. 1992. Why people self-verify. Journal of Personality and Social Psychology, 62 (3): 392-401.

Tang C, Naumann S E. 2017. Team diversity, mood, and team creativity: The role of team knowledge sharing in Chinese R & D teams. Journal of Management & Organization, 23 (1): 163-164.

Taylor I A. 2011. Psychological sources of creativity. Journal of Creative Behavior, 10 (3): 193-202.

Teece D J. 2007. Explicating dynamic capabilities: The nature and microfoundations of (sustainable) enterprise performance. Strategic Management Journal, 28 (13): 1319-1350.

Tett R P, Burnett D D. 2003. A personality trait-based interactionist model of job performance. Journal of Applied Psychology, 88 (3): 500-517.

Thomas K W, Velthouse B A. 1990. Cognitive elements of empowerment: An "interpretive" model of intrinsic task motivation. Academy of Management Review, 15 (4): 666-681.

Tierney P, Farmer S M, Graen G B. 1999. An examination of leadership and employee creativity: The relevance of traits and relationships. Personnel Psychology, 52 (3): 591-620.

Tse H H M, Chiu W C K. 2014. Transformational leadership and job performance: A social identity perspective. Journal of Business Research, 67 (1): 2827-2835.

Tu Y, Lu X, Choi J N, et al. 2018. Ethical leadership and team-level creativity: Mediation of psychological safety climate and moderation of supervisor support for creativity. Journal of Business Ethics, 159 (2): 551-565.

Tyler T R, Lind E A. 1992. A relational model of authority in groups. Advances in Experimental Social Psychology, 25 (2): 115-191.

Vinarski-Peretz H, Binyamin G, Carmeli A. 2011. Subjective relational experiences and employee innovative behaviors in the workplace. Journal of Vocational Behavior, 78 (2): 290-304.

Volmer J, Spurk D, Niessen C. 2012. Leader-member exchange(LMX), job autonomy, and creative work involvement. Leadership Quarterly, 23 (3): 456-465.

Waldman D A, Ramírez G G, House R J, et al. 2001. Does leadership matter? CEO leadership attributes and profitability under conditions of perceived environmental uncertainty. Academy of Management Journal, 44 (1): 134-143.

Wallace G. 1926. The Art of Thought. New York: Harcourt Brace.

Walumbwa F O, Schaubroeck J. 2009. Leader personality traits and employee voice behavior: Mediating roles of ethical leadership and work group psychological safety. Journal of Applied Psychology, 94 (5): 1275-1286.

Wang J, Zhang Z, Jia M. 2016. Understanding how leader humility enhances employee creativity: The roles of perspective taking and cognitive reappraisal. The Journal of Applied Behavioral Science, 53 (1): 5-31.

Wang P, Rode J C. 2010. Transformational leadership and follower creativity: The moderating effects of identification with leader and organizational climate. Human Relations, 63 (8): 1105-1128.

Wang S, Noe R A. 2010. Knowledge sharing: A review and directions for future research. Human Resource Management Review, 20 (2): 115-131.

Wang Y, Gra P H, Meister D B. 2014b. Task-driven learning: The antecedents and outcomes of internal and external knowledge sourcing. Information and Management, 51 (8): 939-951.

Wang Y H, Hu C, Hurst C S, et al. 2014a. Antecedents and outcomes of career plateaus: The roles of mentoring others and proactive personality. Journal of Vocational Behavior, 85 (3): 319-328.

Waples E P, Friedrich T L. 2011. Managing creative performance: important strategies for leaders of creative efforts. Advances in Developing Human Resources, 13 (3): 366-385.

Weick K E. 1979. The Social Psychology of Organizing. New York: McGraw-Hill.

West M A, Richter A. 2008. Climates and cultures for innovation and creativity at work. Climates and Cultures for Innovation and Creativity at Work, 71 (1): 151-153.

Wofford J C, Whittington J L, Goodwin V L.2001. Follower motive patterns as situational moderators for transformational leadership effectiveness. Journal of Managerial Issues, 13 (2): 196-211.

Woodman R W, Sawyer J E, Griffin R W. 1993. Toward a theory of organizational creativity. Academy of Management Review, 18 (2): 293-321.

Wu J, Wu Z. 2014. Local and international knowledge search and product innovation: The moderating role of technology boundary spanning. International Business Review, 23 (3): 542-551.

Yan J. 2011. An empirical examination of the interactive effects of goal orientation, participative leadership and task conflict on innovation in small business. Journal of Developmental Entrepreneurship, 16 (3): 393-408.

Yaniv I, Choshen-Hillel S. 2012. When guessing what another person would say is better than giving your own opinion: Using perspective-taking to improve advice-taking. Journal of Experimental Social Psychology, 48 (5): 1022-1028.

Yuan F, Woodman R W. 2010. Innovative behavior in the workplace: The role of performance and image outcome expectations. Academy of Management Journal, 53 (2): 323-342.

Yukl G A. 1989. Leadership in Organizations. Englewood Cliffs: Prentice-Hall.

Zhang A Y, Tsui A S, Wang D X. 2011. Leadership behaviors and group creativity in Chinese organizations: The role of group processes. Leadership Quarterly, 22 (5): 851-862.

Zhang X, Bartol K M. 2010. Linking empowering leadership and employee creativity: The influence of psychological empowerment, intrinsic motivation, and creative process engagement. Academy of Management Journal, 53（1）: 107-128.

Zhang Y, Fang Y, Wei K K, et al. 2010. Exploring the role of psychological safety in promoting the intention to continue sharing knowledge in virtual communities. International Journal of Information Management, 30（5）: 425-436.

Zhou J. 1998. Feedback valence, feedback style, task autonomy, and achievement orientation: Interactive effects on creative performance. Journal of Applied Psychology, 83（2）: 261-276.

Zhou J, George J M. 2001. When job dissatisfaction leads to creativity: Encouraging the expression of voice. Academy of Management Journal, 44（4）: 682-696.

Zhou Q, Pan W. 2015. A cross-level examination of the process linking transformational leadership and creativity: The role of psychological safety climate. Human Performance, 28（5）: 405-424.